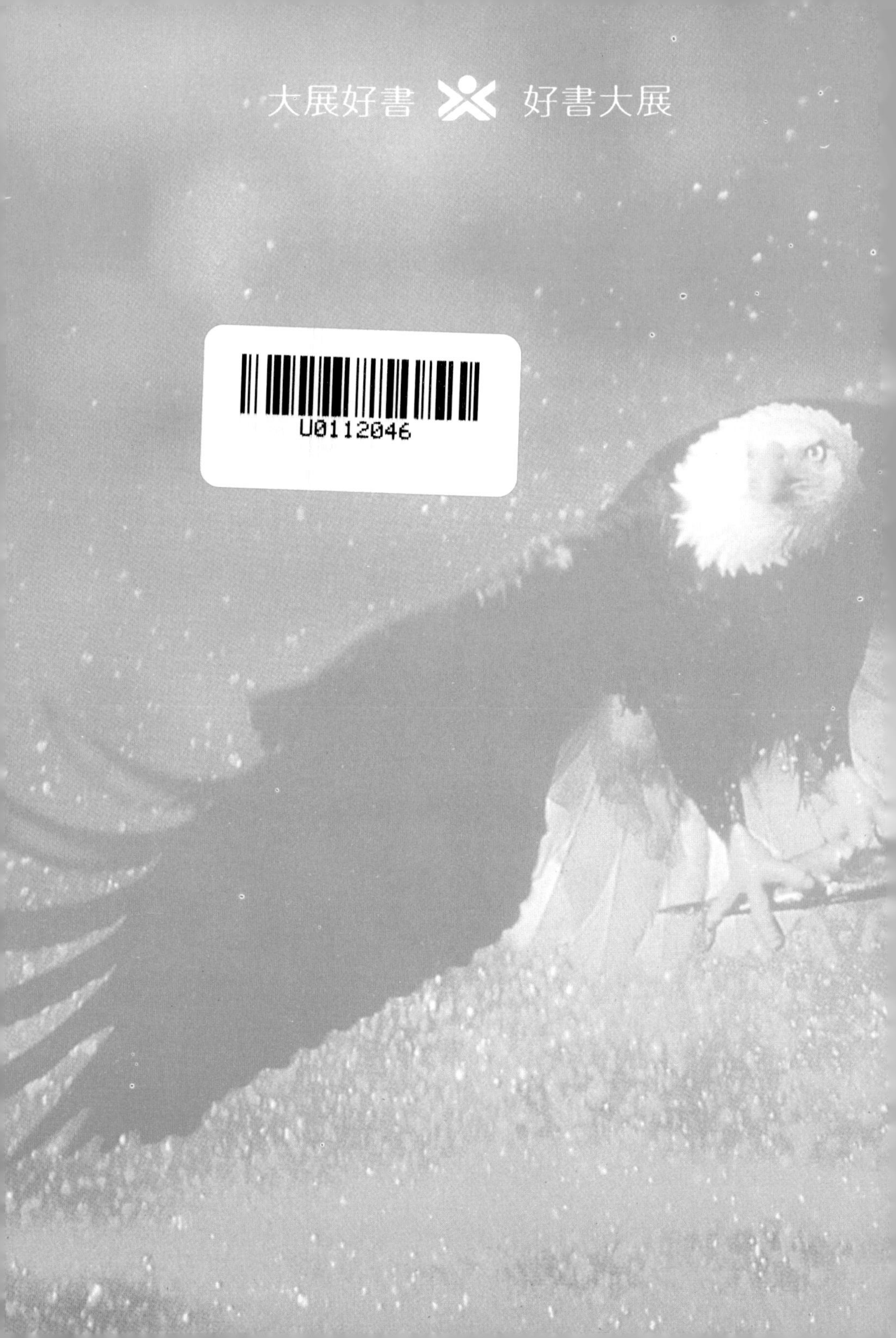
大展好書 好書大展

社會人智囊

52

面試
成功戰略

柯 素 娥／編 著

大展出版社有限公司

前　言

每年一到就業季節，便有許多應屆畢業生加入就業市場，而這些社會新鮮人們，究竟是否瞭解自己的志趣所在呢？銀行、保險公司、貿易公司、傳播媒體……。公司的數目多如過江之鯽，而其中股票上市的公司，也就是被社會認定爲一流的公司，卻是極少數的。

你大概便是志願進入這些爲數很少的公司吧？而選擇一個適合自己志趣的公司，那種心情正如數年前參加大學入學考試塡寫志願一樣，既矛盾又緊張。

但是，選擇公司不能像參加入學考試一樣，以分數來決定。公司是決定你今後一生的場所，同時，你多年所學習到的學問，也將透過「工作」這行爲，具體地呈現出來。

因此，公司不會要求一位劃一型的職員，儘管你像電腦閱卷一樣，非常擅於記憶，但這並不代表你能克服社會的逆境。每個公司所需要的都是具有柔軟的思考、充滿年輕的精力，以及對未知世界富有挑戰之好奇心的年輕人。

所謂面試，便是公司判斷你是否具有上述資質的場合。如果受試者被判定爲：「這位年輕人，具備了讓我們公司賺錢的能力。」那麼，他必定是各家公司競相爭取的對象。

一般來説，任何公司都不需要因爲升學教育腦筋已經僵化的畢業生。與其要錄用這種學生，不如選擇到全國寺廟尋訪或整天打球的學生，擁有夢與理想的人，才是公司所需求的人才。

那麼，不具備這些條件的畢業生將如何是好呢？你千萬別氣餒，認爲「我眞沒用？」難道你的心中沒有一絲夢，一絲理想嗎？你一定要在内心發下誓願：「有一天我一定要成就一番事業!!」

面試時最重要的表現出你的「幹勁」，考官如果感到你「幹勁十足」的話，雖然沒有社團活動或體育競賽所獲得的「獎牌」、「獎狀」，學業成績「優等」的科目也很少，你一點也不必覺得不如人。在面試時，只要説出自己的抱負，展現自己的熱忱即可。

本書爲了作爲畢業生們的「面試指南」，幫助大家突破面試時所遇到的難關，特別選擇了徵才公司經常會發問的問題88例，指出一定能獲得公司錄用的回答方法及提示，並例舉一些回答不得要領的案例。

更進一層地，在〔建議〕一項中，以（※）表示回答方法的要領，回答得不好的建議以（⬇）表示，爲了使對方錄用你加強印象的回答方法則以（⇩）來表示。

〈作戰的方案〉一項，詳細指導受試者如何明瞭考官所提問題的意圖，以及各種回答方法的評價。

只要將這些問答的類型好好輸入腦筋，相信你必能輕鬆過關。雖然書中的範例都是經過特別安排的，但是你不要誤以爲面試時完全按書來應答即可。果眞如此，面試跟大學聯考的考卷就沒什麼兩樣了。本書只能說是一本「面試參考書」而已。

因此，希望諸位讀者能充分理解各問題的應答類型。不僅背誦，還要按照自己的想法去咀嚼、消化，然後將本書的應答範例完全以自己的話說出來，千萬不要一字不差地照本宣科。如此本書的作用便不僅止於「面試參考書」，一旦你將書中的精華吸收了，必能無往不利，在面試中大受青睞。

目錄

第三章　學生生活中必須有活潑的個性

第七章　面對意想不到及吹毛求疵的問題切勿慌亂

導論

參加面試應有的準備及心態

面試會場並不是普通的場面，通常你一打開主考官辦公室的門，首先映入眼簾的是主考官表情嚴肅的面容，主考官的人數，可能是三人，可能多至五人……。在他們的前面，放著一張小小的椅子，受試者必須坐在上面，有六隻眼睛甚至十數隻眼睛，一起凝視著受試者，此時受試者承受著莫大的壓力，緊張是在所難免的。

遇到這樣的場面，除非是極其遲鈍的人或膽大的人，否則實在很難保持平常心，要發揮自己平日的實力更是不容易。考官接二連三提出問題，有時說出不必要的話而露出破綻，有時則結結巴巴想說的話表達不出十分之一。

在這種情況下，能使容易緊張的心情保持平靜的，便是事前的準備，諸如面試的程序及發問的內容等相關知識，都是受試者必備的東西。

‖面試前的心態‖

1.事前的準備可決定八成

馬拉松賽跑要眞正跑了才能定勝負，但事實上，在起跑線前對各種情況的調適，決定了勝負的八成。如果是實力相差無幾的選手彼此爭奪勝利，則當天的狀態達到巔峰的選手必可獲勝。

面試時也是如此，面試當天前的一切準備事宜，決定了錄取與否。隨隨便便就參加比賽（面試），只會在中途喘不過氣來，所以應製造良好的狀況，從容應戰才好。

2.瞭解自己本身

你一向想做什麼事？過著什麼樣的生活方式？回顧自己的過去，從瞭解自己本身開始，出發你的求職行動。

你是內向型的性格還是外向型的性格？先掌握清楚自己究竟屬於哪一類型的人，大概有許多人從來沒有想過要去爲自己定位，也不瞭解自己是樂天派還是神經質，是容易動怒還是沈著穩重的人吧？但想要進入社會，便先要整理好二十多年的人生，從這意義來說，回顧過去便有其價值。

3.向就業部門諮詢

在大街小巷都散佈著就業情報，無論是口耳相傳或是張貼的廣告，如果要四處尋找張貼情報，最後必定無法整理，混亂成一片。因此你應該選擇一個目標重點，做爲求職作戰的基地。學校的就業部門可說是求職情報的寶庫，爲你擔任求職中間人的角色。負責介紹人才的老師，如果能先有某種程度的認識，你的求職路程可說是領先別人一步。

無論什麼事都可以，向就業部門的老師諮商，請他判斷自己的性向，把所收集的情報讓他確認。學校的就業部門便是求職活動的最前線，掌握這一階段的情報，一般來說求職都不會有太大的問題。

某一有名私立大學的就業部門主任便曾這樣說：

「應屆畢業生如果到五、六月才到就業部門來露臉，想要進入大型企業就很困難了。自己收集就業情報，研究就業部門的檔案，這樣的方法，畢竟只是閉門造車而已。奉勸各位，應該透過第三者的眼光來爲你判斷。從這意義來說，提早到就業部門來做諮商，跟我們熟悉一下比較好，經常來的學生，我們眞的希望他能如願進入自己理想中的公司。」

因此，大四時你應該儘量提早到就業部門詢問有關就業的事項，以就業部門作爲「關鍵戰」，展開縱橫交錯的就業網路。

4.努力收集有關公司的情報

有關自己所志願公司的情報，到證券交易所的情報室查看是最快的方法，在交易所中，上市企業的有價證券報告書、營業報告書、公司及企業相關的新聞剪貼，都分別歸入檔案中。

如果是住在大都市的學生，可到市面上購買報導志願公司的新聞及志願業界的動向等等的週刊、雜誌，仔細閱讀。或是到市立圖書館把新聞報導影印下來，提醒各位不要忽略此項作戰準備。此外，經常要注意新聞、雜誌的報導，也是很重要的一環。

愈瞭解志願公司的一切，會使你愈想早日進入該公司，這種心情逐漸加深的話，在面試的場面上，一定會讓考官更認識自己。

5.拜訪學長可瞭解公司的制度及作風

如果就業部門爲你介紹學長，應儘快與對方約見，與其通電話，不如寫一封正式的信，把你的用意說明清楚，只要是有誠意的信，對方一定會樂意與你見面，把所知道的事情傳授給你。

見到學長時，將事先整理好的問題提出來，以便瞭解該公司的制度、作風等等。學長良好的人品及熱忱，也許會意外地成爲你選擇公司的關鍵。

但是，可不要忘記此時學長也在嚴格考驗你，心裏想著：「這是怎樣的一個學弟？要不要推薦給公司？」只要直接把自己的幹勁向學長展示出來，學長必定會有敏感的反應。不必向學長諂媚，坦直地透露自己的一切，學長就會表示出對你的瞭解。同時，拜訪之後一定要寫封致謝函，表達感謝之意，這說不定是左右你一生的一件事呢？

‖實際的面試場面‖

1. 從房間外面就已開始面試

面試是從和考官見面的一剎那開始的，一打開辦公室的門就開始了你的面試過程。公司的櫃檯接待小姐，你也要視爲考官之一，小心應對。在會客室等待的時間，如果露出得意忘形的神色，很可能分數就要大打折扣了。

要進入辦公室之前，不要忘記先敲門，把門關好後輕輕說一聲「對不起」，然後走到考官的辦公桌附近，清楚地說出自己的大學科系及姓名。考官說「好了，請坐」時，便慢慢坐在椅子上，坐下後，把背伸直，手輕輕握著放在膝蓋上。

這些看來雖是無關緊要的動作，但事實上到此爲止一連串的行動，就是考官對面試的重要考核重點。忘記敲門或聲音過小，以至大聲闊步、眼光不敢正視考官，都會被扣分，服裝及髮型的整齊與否，更是必須隨時注意。

多數的考官都認為「第一印象最重要」，雖然第一印象並不能決定是否錄取，但第一眼的觀感會深深留在考官的腦海裏，如果長達十五至二十分鐘的面試，更不能忽視第一印象的重要性，應盡量讓對方有愉悅的感覺。

2.面試依階段而有不同的注意點

一般來說，面試時負責第一次面試的是公司人事部的負責人，第二次面試是經理課長級，第三次面試是高階幹部（也有面試四次、五次的公司），而每個階層的主管所考核的要點並不盡相同。

總括而言，第一次面試主要是詢問學生生活及人際關係的情形，從這些方面，考官便可判斷你是屬於何種類型的人。

第二次面試，則是更進一層深入判定你的性格。也就是說，決定你是不是有利於公司的人，是否要錄用你。因此，此時考官可能會提出相當不友善的問題，記住千萬不可生氣，要表現出你的鬥志。事實上，被錄用與否在這個階段便已決定了。第三次面試主要是要確定你所說的是否眞實。除非你做過什麼很差勁的事，獲得錄取是絕對不成問題的。

另一方面，面試的方式是集體還是個人也是一個關鍵。如果是一至五位的面試官，一位受試者的場面，以自己的原則來應答即可。如果受試者不只你一位，就需要稍微運用戰略以求脫穎而出了。此時如何拿捏分寸成爲勝敗的關鍵。若是過份誇耀自己會被認爲驕傲，話說得太少又無法加強考官的印象，重要的是，要仔細聽問題的重點，引起考官對自己的注意。

公司以集體討論做爲面試型態不在少數，通常這種場面都是給受試者一個主題，由五到十位受試者進行討論，考官從中可考核每一位受試者的知識、組織能力、演說技巧等等方面。

而討論的主題從金融的國際化、大衆媒體報導應有的態度到以日常生活爲主的問題，主題的範圍可說是極爲廣泛，包羅萬象。因爲在有限的時間內，每一位受試者都想把自己「推銷」出去，首先將自己的意見說出來最爲重要，然後充分傾聽別人的意見，說話的語氣要平和一些才好。爲了達到這目的，平常就應保持問題意識。集體面試、集體討論時，都要在自己的時間內簡潔明瞭地發表意見。

3.記下面試筆記整理要點

剛開始參加面試時，你不覺得有什麼問題，但陸續參加了十家、二十家公司的面試後，哪一家公司問了什麼問題，自己如何回答，很容易忘得一乾二淨，因此，爲了檢討得失，最好能把面試當天的情形作成筆記。

除了「對方問了什麼問題」、「自己如何回答」之外，考官的人數、表情及態度等等，也要一一想起仔細記錄下來，以便參考。「啊，那時我如果這樣回答就好了？」這種後悔，只能有一次。

＊　＊　＊　＊

面試是當場就決定勝負的考驗，無法重新再來，儘管你有再好的能力，如果未在面試中發揮出來，就不能獲得好的評價。

臨到面試之前，縱使自己再三模擬，也是無濟於事，愈認眞的學生，態度反而愈坦然或放鬆，看開一切。既然如此，事先對面試的程序有一番瞭解，便成了不可或缺的事。

今後在面試時一定會被問到的問題，希望讀者能參考本書的問題內容，準備獨特的答案，揣摩考官的心情之後，眞正面臨面試的挑戰？

第一章 志願動機應與工作相結合

⊙極力陳述自己的性向及志願動機適合公司

1. 爲何要志願進入該公司應先整理好

志願動機是對方一定會問到的問題，這個問題就好像拜訪企業時所寒暄的話一樣，恰如其分的回答，是對考官的一種禮貌，所以切勿讓對方覺得你是個「不懂禮貌的傢伙」，那麼，究竟應如何擬定對策才好呢？首先，你必須整理好自己的頭腦，使思路清晰完整。

爲何要志願進入本公司？①能做自己想做的工作。②對公司的經營方針、策略有共識。③喜歡董事長的經營哲學。④公司作風合乎自己的性格。⑤公司正在不斷成長。⑥是業界的領導公司。⑦在公共事務上從事有社會性意義的工作。⑧產品的開發力、技術水準很高。⑨公司裏充滿年輕氣息，當有進取精神。⑩値得信賴的學長或朋友在公司服務。——志願動機有很多，但你要瞭解自己是出自何種動機才希望加入該公司。

根據調查，①安定性②成長性③薪資的高低④規模的大小⑤技術力、產品開發力的高低⑥國際化的程度⑦社會貢獻度的高低⑧業界地位的高低⑨工作的意義⑩將來性，都是就業者選擇公司時所考慮的條件，評價愈高的公司，愈是大家所爭相加入的目標。

2. 以自己的理想抱負爲訴求

在種種的志願動機中，最基本的是，把自己想做的事與志願動機相結合，即使喜歡貿易公司、傳播媒體等工作，但卻未明確決定一旦進入這些工作環境，自己想做的是什麼？如何施展抱負，那麼一切便變成空洞而抽象的理論。

考官會問你：「你進入本公司後想做什麼？」碰到這樣的問題，如果能認眞考慮「自己究竟是什麼樣的人？」「想做什麼樣的事？」並以自己本身的體驗爲基礎，便能具體地回答，例如「我一直從事這方面的工作，很想把這些經驗與現在的工作相連接。」

無論是社團活動、旅行、研習會、打工各種經驗都可以，以學生時代的體驗，立定自己所選擇職業種類的目標，直接向考官訴求。

爲了做到此點，在面試的場面上，要儘量以「要做什麼事」、「要如何發揮」、「願意接受磨練」等理論來武裝志願動機，去面臨考驗。

然後，要讓考官認爲「這傢伙一定能使我們的公司成長？」到此地步，面試使大功告成了。

〔問題①〕請說出志願加入本公司的理由？

■戰略1■透過學長的印象說出理由

A① 學校的就業部門介紹給我們各公司，然後我們去拜訪進入各公司的學長，向他們請教。我覺得當中貴公司是我感覺最好的，所以將貴公司作爲第一志願。

Q 哪一點讓你覺得不錯呢？

A② 怎麼說呢？每個員工在工作時似乎都很快樂，充滿了幹勁的表情令人印象深刻，所以我認爲自己非常適合貴公司。

■戰略2■將該公司的優點列舉出來，訴求自己的性向。

A③ 因爲對貴公司董事長的經營哲學頗有同感，董事長是以顧客本位的經營來標榜公司的特色，而他這項原則已滲透過公司的各角落裏，事實上，貴公司這十年來的業績已成長了五倍。

Q 因爲是成長企業你才志願加入本公司嗎？

〔建　議〕

※近來，拜訪學長已逐漸成爲日常生活的一部份，「學長的人品好」、「學長推薦我」等等，在志願動機中提到學長的面試非常多，至於被學長的哪一點所吸引，必須事先準備讓考官容易瞭解的答案。

※對於於受面試的公司，應以「貴公司」來稱呼，絕對不要用「你們公司」。

⇩表露出對企業研究的用心，令人有好印象。

A④　是的，當然這是原因之一，但眞正的原因在於董事長的經營哲學，而且我聽說每位職員都願意服膺這些理念，努力實踐董事長的理想。我也經常對貴公司周到的服務感到備受禮遇。從今年夏天開始，我希望也能站在爲顧客服務的立場，所以想加入貴公司。

▼陷阱▲回答完畢後不要就此安心，有關聯的問題會接踵而至!!

Q　那麼你對服務有何看法呢？

A⑤　現在跟以往物資不足時代不同，只要有需要的東西消費者都能獲得。商品本身的附加價值必須讓顧客瞭解，讓他們感受到良好的待客態度，我認爲這才是銷售上最佳的武器。

⇩從客觀的業績評價，轉而談到自己本身想要做的工作，兩者相連接，話題便可展開，這是不錯的作法。但在顧客本位及服務等方面的問題上，陳述的內容不夠具體，如果能提出具體的例子，必定可留給考官好印象。

※回答得不夠具體時，會被再度盤問。

〈作戰的方案〉正如前面所列舉的志願動機，有許許多多的項目，面試時應說明何以對該公司感到有興趣，如何使自己想做的工作與公司相結合，以此爲訴求重點。A②的回答可說差強人意，但要獲得錄取這樣做還不夠，必須把自己的理想抱負都說出來。在這方面，A④的回答令人感到十分謙虛，且已看穿了銷售工作的本質，不僅止於注意公司業績的成長而已，而是從自己的經驗來評價公司，可說是十分具有說服力的回答方式。

〔問題②〕你選擇公司時所重視的條件是什麼？

■戰略1■從技術力或成長性等有將來性的項目來顯示幹勁。

A① 因爲我志願進入製造公司，所以重點放在技術力及產品開發力的高低上。

Q 對本公司的技術力你評價如何？

A② 是的，前天所發售的某項產品，與勁敵的T公司相比……（像這樣把重點簡潔而具體地指摘出來）。

* * *

A③ 我最重視的是將來性及成長性。

Q 那麼你以什麼指標來判斷這兩項呢？

A④ 主要是以銷售額及經常利益來判斷，但除此之外，技術開發的投資額及自有資本的比例也作爲參考。

■戰略2■以安定性爲重點時。

A⑤ 我想重視技術力及成長性的人一定很多，但我是以安定性作爲最重要的標準。

〔建議〕

⬇標準的答案。幾乎所有的受試者，會想到A②如此程度的回答，但最好能準備和別人不同的答案。

※要列舉抽象的條件時，必須事先掌握好資料。

※不要被認爲是消極的人物，以往的回答方式需特別注意？

Q　另外列舉安定性也無妨，問題是你爲何把安定性視爲選擇公司的第一項條件……。

A⑥　是的，安定性高能按時支付薪水的公司工作起來當然比較有意義。提到安定性，也許您會認爲「年紀輕輕就想選擇輕鬆的人生道路，恐怕是好逸惡勞吧？」而我的想法是，與其追逐一時的利益，不如以將來有長期性利益的公司爲目標，而且，個人的經濟基礎穩固以後，更能全心投入於工作。

⇩「安定性」的問題視你如何應答而有不同的結果，不當的答案可能會引起負面的評價，在提出所謂的條件時，應注意使談話具有說服力，如果切中要點的話，更能加深對方的印象。

〈作戰的方案〉作爲選擇公司的條件，重點放在安定性、規模的大小、薪資水準的高低是人之常情。但是，如果以自我防衛的理由而決定重點，考官會認爲你是個消極的人。至少要回答到A⑥的程度。要談論成長性及技術時，應像A②、A④這樣回答，在此可以表現出你在企業研究方面的成果。〔問題③〕所談到的公司風氣，也是選擇公司的重要條件，但無論如何，仍需擁有一項甚至兩、三項選擇重點，充分加以檢討，綜合性地進行公司的選擇。

〔問題③〕你對本公司的風氣覺得如何？

■戰略1■與自己的性格及興趣一起談論。

A① 社會上常說貴公司有非常堅實的作風，風氣很保守，我所知的就是這點。

Q 你對那樣的批評有何看法。

A② 在企業競爭上要獲勝我認為需要有幹勁。但是另一方面需慎重地擬定計劃，演練戰略，然後決定是否要繼續做下去，這樣準備周到是非常重要的一環，因此，我對貴公司的作風十分贊同。

Q 和你的性格配合來考慮，你覺得如何？

A③ 嗯，我比較慎重、謹慎，所以我想我比較適合這樣的作風。

■戰略2■列舉代表公司作風的事實。

A④ 對於貴公司自由闊達的風氣我感到非常有吸引力。

Q 那一點讓你覺得自由闊達呢？

〔建　議〕

※為了進入公司之後能在組織之中順利工作，對於公司的風氣有何看法，會這樣問的企業很多，此時，如果回答說：「我聽說貴公司的風氣很獨特……」這樣等於告訴對方自己的研究不足，因此，事先必須有充分的調查。

⬇A②、A③的回答有說服力，因此應具有自信來回答。「嗯」、「這樣想……」像這類感到迷惑或沒有自信的語氣應嚴格禁止。

⇩像這樣具有具體的資料，考官必能有強烈的印象。

A⑤　幹部們的辦公室隨時都開著門，新進職員可以自由出入，很輕鬆地和幹部談話，這種光景聽說已成爲日常的景象。並且，工作的權限分層負責，委任到股長級，可自由發揮。我想貴公司能迅速推展工作也和公司的活性化有關，我志願加入貴公司的理由之一，事實上就是由於喜歡這樣的風氣而來。

▼陷阱▲切勿說其他公司的壞話!!

A⑥　我覺得貴公司是實力本位的公司，沒有學閥，無論哪一家企業當然都應以實力爲用才原則，但A公司是K大、B公司是S大，似乎都有學閥在操縱的樣子……。

➡具體地指出公司名字來批評其他公司很不好，因爲考官也許會認爲「這傢伙到A公司或B公司面試時，一定也會說本公司的壞話」。

〈作戰方案〉公司也和人一樣有形形色色的種類，每一個都有其風氣，自由、踏實、特色、國際性等等。瞭解了公司的公共關係，看來好像每一個公司的環境都非常良好。但是，要眞正瞭解一個公司的風氣，最好是去問其勁敵公司及有交易來往的公司，他們自然會指出該公司的缺點。總之，把好的一面及不好的一面自己衡量過後，才能作爲考慮志願動機的依據。A⑤是問有關公司風氣時的回答，利用這個機會可以和自己的志願理由放在一起說，很坦直地表達自己的想法。A②則可能會給人諂媚該公司的感覺。

〔問題④〕對公司的產品你覺得如何？

■戰略1■說出容易親近及使用的印象。

A① 是的，從小我就愛用你們的產品，好像有一種很容易親近的感覺，以前就聽過貴公司的名稱了。

A② 做爲電機製造廠的頂尖業者，貴公司有許多產品，最近的流行產品我也看過了，我覺得……。

Q 哪一點好呢？

A③ 一向所沒有的輕便我認爲是最好的，現在被稱爲輕薄短小的時代，顯然是符合時代需求的產品。

Q 那麼有什麼地方需要改良嗎？

A④ 近乎完美無缺，但如果硬要指出一項缺點，那便是顏色只有紅、黃、藍三種，令我有一點遺憾，因爲消費者的消費行爲有逐漸多樣化的趨勢，若能加上綠色或橙色，增加爲八色，我認爲是再好不過了。

■戰略2■加入別人的意見或國外風評。

〔建議〕

⇩把孩童時代的經驗說出更有效果。

⇩提出具體的話題，以此做爲線索，話題會逐漸擴大，談話內容可以變得動聽有力。

⇩以消費者之一的立場來考慮，回答得不錯。

A⑤　作爲汽車的零件，我知道它已廣泛地使用在各種引擎中。我國汽車的故障率極小，在國外受到很高的評價，我想這和貴公司的零件有很大的關係。

■戰略3■訴求與其他公司產品不同之處。

A⑥　這次爲了志願貴公司，我先把貴公司的產品和其他公司的產品互相比較了一番。

Q　喔，那結果如何呢？

A⑦　性能方面……，輕便方面……，價格方面……。

※如果產品並不太貴，親自把它買來試用看看，這是準備接受面試的禮貌。

〈作戰方案〉如果志願加入製造公司，對志願公司的產品先有其知識是絕對必要的條件。若是能事先對產品有一番認識，無論如何你都領先別的受試者一步。實際上使用看看，像A③、A④這樣說出自己的感想。如果產品的價格太貴，就像A⑤這樣調查別人對它的批評。如果像A⑥、A⑦這樣用心研究的受試者，一定能進入錄取的名單。在志願動機中列舉技術力的人很多，但臨時抱佛腳所得來的知識，能讓考官接受到什麼程度，實在令人懷疑。不要只陷入談技術論的僵局，要說出自己使用的經驗。

〔問題⑤〕請告訴我利用本店的印象

■戰略1■以行員的應對爲訴求。（例：銀行）

A① 我自從住在K市後，便一直利用貴行的C分行，經常有令我讚賞不已的地方。例如，當分行裏有人因不知如何存款及提款而徬徨時，行員看到了立刻趨前指導他們，我認爲這一定是貴行對行員的教育非常周全，服務十分親切，令人印象深刻。

■戰略2■批評店内的裝潢結構。（例：百貨公司）

A② 如果要評分，我給的分數是八十五分。整個店看來有明朗的氣氛，而且商品富有變化，可說完全合乎消費者多樣化、個性化的需求。

Q 那麼没有得到的十五分是哪一部份呢？

A③ 也許有一點失禮，但是……。

Q 没有關係，請說。

A④ 女店員年經較大的不在少數，並且有男顧客選購西裝時她

〔建　議〕

※要敘述這樣的經驗時，應加入感情，如此必能效果倍增。

⬇由你來評分將會有什麼結果？大概年紀稍長的考官不會喜歡吧。商品齊備這項訴求是不錯，但什麼地方有什麼優點，舉出商店的名稱，具體說出更好。

⬇稍微再舉一些例子比較好。

們立刻走到旁邊來，令人感到有一點厚臉皮……。

■戰略3■要從和以往不同的印象來作答。（例：證券公司）

A⑤　去年夏天，我第一次以打工所存的錢購買了基金，由於這次接觸，以往對證券公司難以接近的印象竟一掃而空了。

Q　什麼樣的印象改變了呢？

A⑥　我看到衆多美女營業員感到很驚訝，她們在櫃檯親切和藹地應付每位顧客……。

⇩說出第一印象很重要，將一個又一個的場面回想起來，殷勤地陳述自己的所見所聞。

〈**作戰方案**〉銀行、證券公司、百貨公司、超級市場、汽車公司，能直接利用店面時，一定要親自走一趟看看。尤其對志願加入流通業界的人來說，更是必須的經驗。通常都是像A②這樣的回答方式，但只是A④程度的回答，看法不帶有感情性，容易令人有不近人情、古板嚴肅的感覺，十分不利，應指出店面在構成、企劃上的缺點。A①是將日常親切的一幕舉出，能獲得相當高的分數。A⑤動機也很不錯，將第一次到證券公司的印象據實以告，會令對方有好印象。

〔問題⑥〕本公司是中小企業……

A① ■戰略1■被該公司的特色所吸引。

的確，以公司的規模來說，還不是上市公司，但是某個領域貴公司是第一次製造產品的公司，我對這種有特色的優秀公司感到十分心儀，所以志願加入。

＊　＊　＊

Q　像我們這樣的中小企業，要在某個領域保持第一把交椅的地位是相當辛苦的事，你覺得什麼是最重要的？

A②　正如貴公司的「公司簡介」中介紹的，我想是技術力。從不荒廢技術革新的態度一直到今天，才會有其他公司所無法企及的成就出現。

■戰略2■被業界頂尖的地位所吸引。

A③　T董事長的經營手腕非常卓越，關於董事長所說的話，我在某本經濟雜誌上曾經讀過……。

■戰略3■以成長性爲訴求。

〔建　議〕

※研究企業時，要事先調查該公司有什麼擅長方面，以展現你研究的成果。

⇩列舉具體的資料，可看出你研究的痕跡，會有好印象。

⇩中小企業的情形中，第一流的經營手腕也是很重要的條件，A②之後到A③這樣慢慢展開話題，是十分有力的回答，可使考官的印象逐漸加深。

A④　生化科技方面是邁向二十一世紀非常有力的產業。事實上，貴公司的銷售額每年有百分之二十到三十的成長率，並且，貴公司的規模雖小，產品卻領先其他公司，符合冒險性時代的需求……。

■戰略4■感到值得去做的工作。

A⑤　基於比大公司更能自由發揮這點，我才志願加入屬於中小企業的貴公司。同時因爲一個人必須學習一切的事，所以能很快地學會工作的事項，從這意義來說，我覺得工作起來一定很有意義。

※注意不要將別人說過的話覆誦一遍。

⇩規模雖小但能儘情投入工作，以這點作爲訴求效果甚佳。

〈作戰方案〉以全國的公司來看，有百分九十九是從業人員三百人以下的中小企業。但實際上應屆畢業生多半希望進入知名的大企業。但少數人爲何要以中小企業爲志願？當然可列舉成長性、特色、技術力、工作的意義等等理由。A①、A④只看公司的表面，雖然對新聞、雜誌的調查報導有興趣，基本上你若像⑤這樣對工作充滿慾望仍不夠，要像A⑤這樣表示自己的幹勁，然後再談到公司的特色及成長性會更好。

〔問題⑦〕為何希望回鄉服務呢？

■戰略1■以「想貢獻地方」為訴求。

A① 說起來實在很難過，我們A縣在全國的經濟發展上相當落後，和大都市的生活水準相比較仍差了一截。能正確指出A縣在什麼地方的人，五人之中大概有一、二人而已。所以，我認為再這樣下去是不行的，感到自己有一種責任。為了讓本地的經濟繁榮，我打算進入銀行，作為本地工商業的後盾。

Q 你的意思是和別縣比起來很可憐？

A② 的確，老實說覺得很可憐。從外表看來很顯然A縣有比不上的地方，但A縣的居民似乎比較內向沒有看到這點，也沒有改革的野心。以C地區為工業區，一定能打響A縣的名號，但是……。

■戰略2■應以「現在是地方的時代」為訴求。

A③ 我認為今後的發展是地方核心都市。大都市的地位逐漸低

〔建　議〕

⇩將自己想有所作為的感情直接傳達出去，會給考官好印象，說話的語氣熱情一些比較好。

⇩以客觀的觀點來看A縣，這點很好。

⇩以具體的例子來說明，很容易使人瞭解。

落，因此地方都市的角色也愈來愈重要，例如街上的櫥窗來說，C縣及D縣的店舖並無差異，我是爲了自己出生成長的都市發展而加入這裏的就業市場。

▼**陷阱**▲隨便的回答會有負面的影響。

A④　與其在大都市生活，不如在朋友比較多的本地生活來得比較快樂，雙親也希望我在鄉里就業。

A⑤　從高中畢業開始在都市生活了四年，但我仍想在地方的公司謀職。

A⑥　因爲我是獨生子，雙親已超過六十歲了，我必須照顧他們。

⬇A④～⑥是面試時常陳述的理由，但動機卻非常消極。如何看待地方的經濟活動，與都市及他縣相較又如何，應將地方的現狀好好加以分析，如此才有利於面試。

〈**作戰方案**〉直接回答：「想要對本地的經濟及文化發展有所貢獻。」然後具體陳述將以什麼樣的方式來貢獻。A①、A②的回答非常抽象，爲何要回到地方服務，應從自己的經驗以肯定的語氣說出來，考官不可能會有不良的印象。A③也是很積極的應答。A④～A⑥的動機很平凡。既然要回到地方，應以如何使地方繁榮的企劃案作爲「禮物」，面臨考試。

〔問題⑧〕本公司是不景氣的業績，爲何要來應試呢？

〔建議〕

※爲何業績會惡化，從考慮這點展開對企業的研究，不要因公司的知名度或規模而志願加入公司。

■戰略1■主張產業的質及多角化。

A①　鋼鐵被認爲是產業的基幹，的確，最近因爲鋼鐵業的不景氣，漸被忽略，但它仍是支撐經濟的中心性業者，所以我志願加入此業。

A②　鋁被認爲不景氣業種的代名詞，我很瞭解，但光圈用電纜及鈦線的開發等新領域的積極性，我給予很高的評價。

⇩把重點放在經營的多角化也是一個方法，重視努力於經營改善企業，使考官有此感覺。

A③　紙在生活中是不可缺少的基本必需品，我不認爲它的需要會減低。並且對特殊用紙的開發及轉變到生化方面的展望也極有可能？……。

■戰略2■期待幅度的寬廣。

A④　過了高度經濟成長的時期，被視爲象徵之一的是石油化學，我的出生地工業化的速度非常緩慢，甚至曾羡慕著B市及E市冒著石油工廠的煙霧。現在各公司的景氣都似乎不太景

⇩懷鄉情懷的訴求方法，不可能會讓考官感到舒服，應表露出對石油化學工業的偏愛。

氣的樣子，但石油是可利用於任何方面的重要資源，與不景氣無關，我期待著化學工業的利用幅度更爲廣泛，所以志願加入貴公司。

■戰略3■站在長期性的視野。

Q　暫時好像無法恢復的樣子……。

A⑤　有句話說：「經濟是活生生的東西。」正如這句話所說，明天會變成怎樣的結果，我想沒有人知道。事實上，曾經有過盛況的紡織現在可說已成了不景氣產業的代表，我不是以短期的時間來看，而是站在二十、三十年這種長期性視野來考慮，而想進入貴公司。

※「靠著我的力量擺脫不景氣，使公司成長」，必須表現出這樣的氣魄來。

〈作戰方案〉目前可說是不景氣的時期，今後成長的可能性無法預測，但像鐵、紙、紙漿、纖維等需要基礎已經穩固了，只要力圖體質改善，就能提昇企業的業績。事實上，被認爲不景氣的公司拚命進行經營上的努力，這點比成長企業更徹底在研究，而這樣做對將來一定有用。面試時，應表現「不景氣有什麼大不了」的鬥志，同時不要忘記仔細去分析爲何會陷入不景氣的原因。

〔問題⑨〕為何要志願進入銀行？

■戰略1■想要參與經濟及金融的實況。

A① 因為我一直在大學裏研讀經濟的結構，現在想要有實務經驗，想用自己的眼光印證所學，所以志願進入銀行服務。

Q 你想印證哪一方面的事情？

A② 金錢的流通情形。銀行聚集了個人的金錢，然後把它借給企業，獲得利息收入，如此方能成立，而也因此經濟社會才能活動起來，只是，在這其中有更複雜的金錢流通情形，想要加以證實，而希望參與非常活躍的部份。

A③ 隨著金融自由化的進展，銀行的工作也愈來愈多樣化、國際化、現在已經不能用以往的尺度來衡量，更加複雜了，我想親自去感受金融實際上的變化，基於這樣的願望，因此希望進入銀行工作。

＊　＊　＊

Q 如果想體驗金融的實務，證券公司也不錯不是嗎？

〔建　議〕

⬇這樣的回答仍嫌不足。

⇩答得相當不錯，接著一直往前把自己對銀行的論點說下去，不要忘記，專心一意地說。

⇩確立自己的原則，以此向考官訴求，讓他明瞭自己的意願堅定。

※如果證券、保險業界的動態也能一起研究，就能克服這個

A④　我認為銀行仍是金融的中心，能看清楚金錢的動態。

■戰略2■和自己在研習會所研讀的相結合。

A⑤　在研習會中我曾研讀了銀行論，想要把這些知識應用於實務上，所以志願進入銀行。老實說，當中有我無法充分處理之處，但是……。

▲陷阱▼安定或踏實是禁句！

A⑥　無論如何，銀行的工作很安定，是資本主義的核心，所以我覺得做起來一定很有意義。

問題。

※考官會問得更深入，所以應把自己的筆記整理好。

↓這是考官一定會感到厭惡的回答。

〈**作戰方案**〉基本上，A①、A③的回答可以打破瓶頸。除此之外，與銀行有關的問題展開著，但國際化、自由化、情報等問題也能和志願動機聯結在一起。A④的回答顯得有一點研究不足。特意提出金融自由化的問題，卻忽略了證券及保險業的動態。在全體的金融業中，銀行究竟佔了什麼樣的位置，今後會發展到什麼方向，也應言及。圍繞著銀行的經營環境，有關銀行的新戰略、問題點等單行本，至少要閱讀五、六冊以準備面試。↓參照〔問題58 63 64〕。

〔問題⑩〕為何要志願進入保險公司？

■戰略1■應陳述保險的必要性及社會上的意義。

A① 保險是給人們生活一種安心感的東西，從這意義來說，可說是非常誠實的工作，因此我希望投身此行業。

A② 對於個人及社會，保險業無形中有許多貢獻。每個人都會因為疏忽而失敗，例如，開車發生事故要怎麼辦，撞傷了人，或傷重致死時，需要一大筆的金錢作為賠償。但因為有了保險，就不必為錢而發愁了。

■戰略2■陳述保險業務的多樣化。

A③ 保險公司的業務，由於金融自由化的進展而逐漸擴大，具有將來性，前途十分看好。

Q 因自由化而業務擴大的業種，並不僅限於保險業界。你為何不去銀行或證券公司，而特意投身保險業界？

A④ 並不是為了什麼原因想到保險公司……。老實說，我也希望能進入銀行界，也就是說，在金融自由化的大趨勢中想試

〔建　議〕

⬇A①、A②是志願進入保險公司的受試者固定回答的句子。如此一來，很難被錄取，這點應先有認識。對個人及社會誠實而有所貢獻的工作，可以說所有的工作都有此種特性，尤其教師及公務員也是如此，在這麼多工作中，你如何訴求於保險公司的魅力，便是重點所在。

⬇像〔問題⑯〕一樣的回答，將保險業務的多樣化具體地說明出來。

⬇要針對題的意旨而回答，被問到「為何要到保險公司」這樣的問題，必須正面回答，當然事先自己本身也應有清楚的

試自己的能力。

■戰略3■將志願動機與工作結合在一起。

Q　你在本公司中想從事什麼樣的工作？

A⑤　我想擔任有關投資方面的工作。

Q　爲什麼呢？

A⑥　因爲保險公司也是金融機關的一種，從顧客聚集而來的金錢需有利地運用，因此對種種運用的方法我想多加研究一下。

認識。

※對保險公司的結構應仔細研究，金錢要如何流動這點要先掌握住。

〈作戰方策〉A①～A③的回答中，從對人的觀點可說A②回答方式評價最好，且又舉出實例。把業務員的辛勞引出來，以保險業務和人的接觸爲訴求也相當有趣。最近業界的訪問很多。A④的回答可說是極其當然的答案，但是如此回答可能會被認定爲「眞隨便的傢伙」，保險公司雖然安定，規模也大，但卻容易因輕鬆的想法而作爲志願，不要忘記此行需要的是幹勁及進取心。➡參照〔問題66〕

〔問題⑪〕為何要志願進入證券公司？

■戰略1■敘述成長性。

A① 目前股票指數一直在上升，因此證券公司比銀行更受人注目，很有成長性。

Q 你認為證券公司的哪一點受人矚目？

A② 發售基金等各種金融商店，我認是這個原因掌握了顧客。

Q 何以能掌握顧客呢？

A③ 因為利率高，適合投資理財的緣故。

* * *

A④ 進入安定成長時代的企業，現在對於理財方面的觀念、知識都非常注意。因此，由證券公司所經手的股票及債券引起他們的矚目，以銀行作為媒介的所謂間接金融，相形之下就比不上證券公司這直接金融的魅力，今後還會繼續成長，我志願進入證券公司，就是因重視成長性而來的。

■戰略2■在金融自由化之下，評價其攻擊力。

〔建　議〕

⬇只看表面上的動態，要敘述證券公司為何能發售種種金融商品的背景。

⬇證券公司為了獲得顧客，做了什麼樣的努力，應詳細說明，最好能親自己去一次號子，瞭解實際情形。

⇩馬馬虎虎的態度，被更進一步質問時也不要露出馬腳，應事先下工夫研究一番。

A⑤　隨著金融自由化的腳步，證券公司可以加入銀行業務的經營，在全體金融界具有彈性的活動中，證券公司的活躍尤爲劇烈。我覺得這是一份甚具意義的工作，因此志願進入此業界。

*　*　*

Q　你認爲他們在從事怎樣的活動？

A⑥　以往流入銀行的個人存款，會因爲基金的盛行而重新取回，今後在短期的金融市場上，證券公司所擔任的角色會愈來愈吃重。

※在金融自由化之下，證券公司所擔任的角色必須事先整理一番，敘述銀行與證券公司的不同，說出證券公司的魅力。

〈**作戰方案**〉以往，證券公司並不受應屆畢業生們的歡迎，但最近由於充分反應股票景氣及投資熱潮，再度引起矚目。原因即在於A④、A⑤這幾點。大企業的經常利益都是全體企業之中的頂尖，這點也是其吸引力之一。證券公司是令人有充滿男子氣概印象的業界，因此面試時考官會十分重視你的精力、行動力、積極性，並且視野必須要廣闊，站在國際性的觀點判斷事物，這些都是必備的基本能力，最重要的是要讓考官認爲你是具備這樣資質的人才。

⬇參照〔問題67〕

〔問題⑫〕你為何志願進入貿易公司？

■戰略1■以願意擔任經濟的尖兵為訴求。

A① 我從事了各種業界的研究，發現經濟的「引擎」正是貿易公司，我希望能早進此業界，成為貿易的尖兵。

■戰略2■以所接觸的商品來進攻。

A② 正如「從拉麵到彈道飛彈」這句話所說，貿易公司所經營處理的商品範圍非常廣泛，但希望能從事與石油有關的工作。

Q 為何想從事石油方面的工作。

A③ 是的，石油是支持一切產業的資源，擁有非常重要的地位，但國內幾乎不生產，也就是必須依靠海外進口才行，而且石油輸出國家組織的動向往往是左右國際政治的原由，希望能在這種變化極大的環境中工作，接受挑戰。

* * *

Q 關於石油危機問題你有何看法？

〔建　議〕

⇩事先決定好自己想做的工作，才能有備無患，而且考官也比較容易提出下一個問題。

⇩這是可以表現你對石油研究的大好機會。

A④　一九六三年及一九七八年的石油危機情形不同，由於石油的減產及降價，產油國的國際收支變成赤字，必須向其他國家借貸，也由於國際金融市場資金流向的改變，反而給世界經濟帶來影響。

▼陷阱▲過份膽怯於發表意見無法得分？

A⑤　是的，從小我就很羨慕能到世界各地走動的貿易公司人員，如果要從事國際性的工作。我想貿易公司是我的第一選擇。

※常會被問到有關世界經濟的用語，中東關係的動向，需準確地掌握，多聽電視新聞的解說。

➡如此回答雖無法決定錄取與否，但面試時如果過於緊張，不妨像A⑤這樣回答下一個問題，以挽回頹勢。

〈作戰方案〉想進入貿易公司工作的應屆畢業生，很容易像A①、A⑤這樣把國際性作爲志願動機，但這只是茫然的憧憬而已，不能說是眞正的貿易公司人員。應像A②這樣，先有將來展望才好，例如自己進入公司後想做什麼事情？想成爲什麼樣的貿易公司人？無論是「希望使我國成爲世界第一的貿易大國」、「想要操縱穀物市場」或是「想從巴西輸入食人魚」都可，只要有自己的夢想，然後，爲了展示你的實行力，以學生的生活一段來向考官報告，使其瞭解你在學校的表現。➡參照〔問題57、68〕

〔問題⑬〕你爲何志願進入汽車公司？

■戰略1■因爲喜愛汽車所以志願加入此行。

A①　因爲我本身很喜歡汽車，經常接觸新的車子，所以選擇了有這樣環境的貴公司。

A②　日常生活、工作或社會的活動中，汽車所佔的比重非常大，我認爲汽車工業的影響力極大，所以以此業界爲第一志願？

Q　既然如此，電氣、瓦斯、道路及橋樑等方面的工作不也是一樣嗎？

A③　您這樣說是沒錯，但是我……。電氣及橋樑的興趣沒有超過汽車。

＊　＊　＊

■戰略2■以汽車工業的經濟效益很大爲訴求。

A④　汽車工業現在已是我國最大的輸出產業，它曾代替鋼鐵及造船帶動了經濟發展。因爲貴公司在業界以領導性的地位而

〔建　議〕

※坦白的意見，只是稍微表現出進取心會更有力。爲了要使汽車的性能更優越，應如何改良？如果有車子就必須經常考慮這點，而在面試時把自己的疑問點及所發現的課題說出來。

⬇只在頭腦中思考志願理由的話，一旦被深入追問，就會立刻無法應答。

⇩比A②的回答好，但有一點傾向於觀念性，至少要像A⑤的回答才好。

活躍著，所以我希望進來學習。

＊　＊　＊

A⑤　我認為汽車是由所有的產業集合而形成的，鋼鐵、非鐵金屬、玻璃、陶瓷、輪胎、汽油、電子、電氣等等，可說是結合各業的精華。我國產業的縮影便是汽車，它代表了一種藝術作品，對堪稱產業集合體的汽車工業，我感到頗富有挑戰性。

⇩雖然是聽人家所說的意見，但對汽車的認識至少要能談論到A⑤這樣的程度，面試的場面必能更為活絡。

〈**作戰方案**〉因為喜愛汽車而有此志願，A①的回答並不會顯得虛偽。但是，如此一來可能無法被錄取，必須像A④這樣表示志願動機，陳述汽車在經濟中所佔的地位，這才是正式的作戰法。利用本身的汽車經驗展開話題也很好。A⑤是有趣的回答，能有如此看法的受試者，企業必然會更需要他。因為，任何企業都會想重用其柔軟的思考、企劃能力及業務能力。總之，基本上需像A①一樣來回答，有時不妨開車兜風時思考可能的問題，慢慢鍛鍊作戰的實力。

〔問題⑭〕你爲何志願進入電機公司？

■戰略1■以喜愛電機爲訴求重點。

A① 因爲我對電氣很有興趣，所以有此志願。從小我就常把電視、音響分解開來研究。

■戰略2■想要活躍於先端產業中。

A② 據說電池會改變社會，我想置身於這樣的先端產業中而活躍著，因此志願加入公司。

■戰略3■以日常生活中的密切關係。

A③ 電氣製品已經深深滲透到生活之中，電視、冰箱都是如此。像這些事實，我想許多人都沒有發覺吧。

Q 這和志願動機有什麼關聯呢？

A④ 我對這種生活必需品的供給相當有興趣，它的社會貢獻度很高。電氣製品在現代社會是不可或缺的東西，我想在這方面對社會有所幫助，所以想加入此行。

▼陷阱▲不要被抓住破綻？

〔建　議〕

※要親自敘述多麼喜愛電氣，以手勢、身體語言說明幼兒時代的回憶。表現出個人的經驗後，也可提及社會性的角色及作用作爲結尾，這是說話的要領。

⇩這是一般性的回答，每日所使用的音響或電視是多麼高性能，只要訴求這點即可。

⬇話不要變得拐彎抹角，注意先將結論說出。

Q　如果說現代不可或缺的東西，還有許多其他的東西，像電力、瓦斯、鋼鐵、石油等等，每一個不都是很重要？

A⑤　這是以日常生活中身邊的東西來的……。

Q　你所載的眼鏡或穿的鞋子不也是這樣嗎？

➡論點不錯，但想法比較天眞，只要說出其他製品和電器製品的比較、貢獻度即可。

〈**作戰方案**〉被問到志願進入電機公司時，能回答得很恰當的人大概不少吧，那是因爲到各業界訪問了電氣製品的供需情況。A④乍看之下似乎是很有道理的回答。但是，面試官心想：「你既然這樣說，其他業界對社會不是也有所貢獻嗎？」這也是當然的心理反應。如果眞正喜歡電子方面的工作，就會像A①這樣回答，如果不是這樣回答，A②的回答還算是比較安全的答案。只注意公司的規模及知名度而拜訪公司的話，會發生意想不到的失敗，應掌握業界全體的動態才是。

〔問題⑮〕你為何志願進入電腦公司？

■戰略1■對電腦有興趣。

A① 因對和電腦有關的工作非常感興趣，所以立下志願。

Q 對哪一方面感興趣呢？

A② 我本身很喜歡操作個人電腦，偶爾也做程式設計，可說是趣味及實益兼具十分理想的工作，這就是我志願此行的理由。

■戰略2■符合自己性格。

A③ 我覺得符合自己的性格，所以希望加入此行。

Q 你說符合是如何符合法呢？

A④ 考慮性格方面的話，我與其到外面從事業務的工作，不如在公司內製作程式，擔任會計方面的事務比較適合。

■戰略3■評價將來性。

A⑤ 以業界全體來看，金融及貿易公司已經成熟，鋼鐵及纖維則呈現不景氣的狀況，由此可見，電腦業界今後可望有更好

〔建　議〕

⬇把①省略，立刻回答②比較好。

⇩曾經設計過什麼樣的程式也說出來會更有利，要以眞正徹底喜歡電腦的表情來敘述。

⬇這樣的回答方式一定會再問：「為什麼？」

⬇這樣的回答方式不會受考官歡迎，應顯出更年輕、有朝氣的一面，令對方產生好感。

⇩在志願動機中列舉成長性一項的受試者很多，但必須用數字來證實，不要被景氣所左右

的發展，因此我立下志願要進入此業界。並且從個人方面來說，我希望能在工作上自由自在地發揮、研究，此行業正合乎我的理想。

▼**陷阱**▲彆扭的性格一定不會受歡迎！

Q　進入公司後，也許派你擔任業務工作。

A⑥　業務方面似乎不太適合我的個性。

＊　＊　＊

A⑦　因爲我喜歡電腦，所以無論什麼事都願意學習。

〈**作戰方案**〉一般來說，以電腦相關行爲爲業界的學生，多半是屬於內向性的人，志願動機若是像A④一樣的情形，必定特別引人矚目。不過，A⑥的回答過份執著於自己的性格，無法期待在工作上能有所成長。與其從性格方面來訴求，不如像A②這樣，將興趣與工作結合在一起，著眼於業界的成長性比較有利，A⑤的回答便是很好的例子。如果喜歡電腦，一定要像A⑦這樣回答，不要畏縮不前，應表現出電腦可以變成自己一部份的氣概，切勿被成長性所迷惑，善加掌握公司的全況。

。

※即使能進入公司，是否能被分派到自己所志願的部門還不一定，況且，企業爲了職員的教育訓練，往往安排新人輪流到各部門見習，使其擁有各種職務的經驗。

〔問題⑯〕爲何志願進入流通業界？

■戰略1■以流通業界的趣味爲訴求。

A① 流通業是與消費者直接接觸的工作，經常都能最先接觸到人們生活，愛好的變化及流行、文化，十分有趣，我認爲它是值得投入的工作。

＊　＊　＊

A② 百貨公司是名符其實的「百貨」，裏面什麼都有，到百貨公司閒逛購物時，我一點都不會感到厭倦，爲何不會厭倦呢？我想是因爲有趣的緣故。爲了從事好的工作，我希望能在有趣的地方工作，基於這個理由，我才志願到此行。

■戰略2■因爲喜歡與人接觸。

A③ 與人接觸會有各種不同的發現，我喜歡這點。希望能透過接待顧客這項工作，使自己有更多的收穫。

Q 其他工作不是也有與人接觸的機會嗎？

A④ 百貨公司的工作是幫助顧客選購他最適合的東西，這些東

〔建　議〕

⇩可說是非常清楚的理念，但最好能提出市場理論。

⇩坦白的理由，令人產生好印象，但最好能敘述如何將興趣運用於工作中。

※只是喜歡一項理由，這樣的志願動機未免太薄弱了，應該表示強烈的野心才好，例如向考官說：「我想以衆多的顧客爲對象，試驗我的銷售觀念。」或是：「我要用自己的方法

西可能是西裝、領帶一類與日常生活有密切關係的必需品，這種接觸和其他業界的情形是大不相同的。

▼**陷阱**▲被追問時也不要慌亂起來！

Q⑤　有何不同之處呢？

A　總之，要顧客買東西應主動吸引他們，如果對方想要購買西裝，應向顧客說明西裝的優點何在，且對顧客什麼樣西裝比較適合提供各種建議，我想不同點就在這裏。

創造流行，請拭目以待。」

※雖然同樣是接觸人們的工作，但流通業界所處理的東西都是和日常生活有密切關係的必需品。在這方面應有體貼入微的建議，此時明朗的態度是不可或缺的。因此，面試時應儘量表現開朗的表情。

〈**作戰方案**〉在與顧客接觸中發現樂趣，使自己更積極，這應是最基本的志願理由。但A③的回答力量太薄弱，稍微表示自己的野心會更好。百貨公司或超級市場可以自由地出入，所以不妨先到志願公司店舖去購買東西，調查其優缺點，除了商品是否齊備、價格是否合理、店員的應對方式及地點條件之下，還要和競爭對手相比較，將調查的結果整理在筆記裏。如果有打工經驗，更可以說出當時對該公司的印象，和自己何以要以流通業界為目標的原因一起提出來。⬇參照〔問題⑦〕。

〔問題⑰〕爲何志願進入服務業界

■戰略1■因爲喜歡旅行，想善用自己的興趣。

A① 因爲我非常喜歡旅行，曾擬定計劃要到各處一遊，如果工作能和興趣相結合，那是最好不過的事了。

Q 你旅行時，旅行社在哪一方面會特別照顧你？

A② 在國內旅行未受到什麼照顧，都是一個人隨心所欲地旅行。但到香港時，飛機的安排及旅館的預定都是由旅行社代辦。

■戰略2■希望能實現人們夢想的立場。

A③ 我認爲，服務業是使大人、小孩都能實現夢想的工作。我自己本身在看電影、棒球比賽時，都會感到過了一段十分快樂的時光，這都是服務的結果。因此，我現在是站在想實現人們夢想的立場而有此志願。

■戰略3■想創造生活方式。

A④ 由於周休二日制的普及，如何充分利用休閒時間，已成爲

〔建　議〕

※平凡的回答。A②以後的展開方式決定了關鍵。如何才能充分享受旅行舒適的心情，把自己的思緒先整理好以便回答。

⇩滿足於自己的過去，這種想分享給別人的心態，會令人有好感。

⇩觀點甚佳，但最好能指出如何瞭解消費者的需求。

人們的焦點，我想提出各種計劃提供一些有意義的建議，所以選擇了此業界。

■戰略4■以飯店工作多樣性爲訴求。

A⑤　飯店是將人們衣食住、工作、娛樂集中化的場所。每天都有許多宴席、晚會在此舉行，或是發表新產品，所以我希望投身這種活動性的環境。

※飯店是劇烈變化下現代社會的縮影，將你的研究作成報告，面試時自可對考官的問題應付自如。

〈作戰方案〉服務業界可說是名副其實以服務顧客爲目的的工作，面試時應把自己爲何想要服務人群的動機說出來。從這意義來說，A③是能令人產生好感的答案。以對人們休閒生活的關心及休閒事業的成長性爲訴求，說明其重要性，A④的回答方式相當不錯。A①則是與自己的興趣相結合來敘述志願動機，此時必須加入自己的一些經驗。服務業界十分廣泛，但最重要的是採取使人們能過著愉快時光的態度。

〔問題⑱〕爲何志願進入傳播媒體？

■戰略1■因爲有興趣。（例：出版社）

A① 因爲我對出版工作很有興趣。

Q 你對本社出版的方向你有何看法？

A② 從軟體到硬體，出版的範圍非常廣泛，也非常平均，但另一方面，似乎有缺少專業領域的缺點。

＊　＊　＊

Q 如果是你，想要出版怎樣的書？

A③ 例如《十二生肖字典》這一類的書，把十二生肖的故事、諺語，或每十二年的歷史收集起來，整理成百科全書式的書籍。

Q 這樣的書有出版的必要性嗎？

A④ 每年寫賀年卡時，大家總是會想一些和生肖有關的句子，如果出版這種書，感興趣的人一定不少。

■戰略2■說出最令自己感動的書。

〔建　議〕

※應善加掌握自己所志願出版社的出版方向，這是一定會被問到的問題。

⇩如果想進入出版社，應事先準備兩、三本雜誌及書籍的企劃案，在筆試中被要求寫企劃的情形非常多見，事先準備好可顯示你的有備而來。

⇩立即的回答可以給對方一個好印象，事前不妨在標題、對這主題感興趣的讀者群等方面多加研究。

Q　你最想做的是什麼方面？

A⑤　如果可以的話，我想編輯一本有關義工的書，介紹照顧躺在床上不能動的老人的義工，或是介紹私家偵探的故事也會吸引人。

Q　你想編輯有關義工的書，是基於什麼動機呢？

A⑥　因爲我看到貴社○○書，深深被書中所描寫的主人翁感動。

※爲何想做，需熱情地訴求，認真的態度一定能打動考官的心。

⬇如何感動並且巧妙地表現出來，應以簡潔的方式向考官敘述。

〈作案方案〉此問題的答案是以出版社的情形爲例子，想從事報紙、電台、廣告公司等媒體工作的人，應換成自己的立場來考慮答案。想寫什麼樣的書，報導什麼樣的新聞，製作什麼樣的廣告，想製作什麼樣的節目，以企畫爲訴求，表示出自己的幹勁。傳播媒體是個非常吸引人的地方，許多人往往被其表面上的耀眼所吸引而希望投入此行，這種附和潮流的想法，很容易立刻就露出馬腳，應仔細考量各傳播媒體的特性，說明自己的資質如何適合此行。⬇

參照〔問題61〕

〔問題⑲〕爲何志願進入外商企業？

■戰略1■以實力主義爲訴求。

A① 外商公司比本國的公司更能獲得工作上的自由，而且實力好的人可以不斷有晉陞的機會，所以我希望投入此行。

Q 不一定只限於外商公司才有自由，不是嗎？

■戰略2■被工作的嚴格所吸引。

A② 國內企業的職員有「老闆都是對的」這觀念的人不少，跟外商公司比較起來，後者不知什麼時候會倒閉，危險性較高，這樣說也許沒有禮貌，但是，它很容易突然有一天從國內撤資，因此職員必須拼命磨練自己的能力。

＊　＊　＊

Q 你適合外商公司的理由是什麼？

A③ 因爲我是個有開拓精神的人，同時自我主張也很強。我聽說外商公司講求能力主義，我認爲自己的性格很適合，所以志願進入貴公司。

〔建　議〕

⬇這是將社會的風評囫圇吞棗地回答的方式。考官會懷疑是不是你用自己的思考得到的結論。

※外商公司在福利上比較欠缺，人事教育制度也不像國內這樣確立起來，因此，他們需要的是能獨立作業的積極性。

⇩以自己的創造性爲訴求，會令考官產生好感。

Q　你以往如何開拓自己的人生？

A④　在大學二年級的春天，我利用約二個月的時間到美國旅行，因爲獨自一人又人生地不熟，我必須以笨拙的英語和人交談，勉強渡過生活的難題，我覺得這也是一種自我開發……。

⇩以在美國旅行的經驗作爲基礎，表現出行動力、自主性。

▼陷阱▲英語能力不能成爲武器！

A⑤　因爲我擅長英語，所以想活用它。

Q　如果想活用英語，到貿易公司或銀行都有工作可做。

A⑥　但外資公司日常被認爲能經常使用英語。

⬇結果也許會變成考官回答你：「那去做翻譯就好。」自己本以爲是一項很有力的武器，但考官並沒有那麼重視英語能力。

〈作戰方案〉基本上，外商公司並不需要特別錄用你這種人才，但你對工作的看法，確實和多所限制的國內企業大不相同。在外商公司裏，你必須靠自己開拓一切，被要求具有創造精神，能自主性地從事工作。A③的回答如果能用A④的實例來証明，更能獲得好感。因爲，回答「很自由的工作環境」或「英語能力不錯」，並不一定代表就能被錄用。不要被華麗的外表所迷惑，以自己的行動力、自主性、經歷爲訴求，才能被錄取。

◇如此做一定會被剔除於錄取名單之外

〈案例1・忘記敲門〉面試時，考官都十分重視第一印象。沒有敲門就突然打開辦公室的門，當然是再掃興不過的事。此外，在考官發問之前不要忘了，先說出自己的姓名及所畢業的學校科系。

〈案例2・聲音太小顯得沒有精神〉儘管說了非常有內容的話，若是聲音有氣無力，考官會聽不清楚，甚至會令人懷疑你的幹勁及鬥志。

〈案例3・勁敵公司作爲第一志願〉並不是老實應答就沒有錯。應如此回答：「我現在尚未確定被錄取與否，但我想進入貴公司，這裏才是我的第一志願。」

〈案例4・自言自語〉被問到擅長什麼方面的問題，如果乘勢說個不停，會令考官產生嫌惡之感，因爲考官也很想瞭解你其他方面的事情。

〈案例5・知識不可靠〉考官會不斷問你「爲什麼？」、「如何？」若是本身的學識不足，不確定的事情卻回答「知道」，一定會露出馬腳，不知道的事要坦承自己不知道。

〈案例6・極力辯解〉如果應答有何不妥之處，只要說抱歉即可，想要辯解或裝模作樣的態度最要不得。

〈案例7・說話不看考官〉常言道：「眼睛和嘴巴一樣會說話。」觀察一個人的眼睛就可以窺知對方的想法，用心注視著考官來說話，效果會更佳。

〈案例8・切記最後的招呼〉最後結束面試的時候，也不能鬆懈心情，不要忘記打完招呼再退出，說聲「謝謝」。

■情報①■

第二章　面試也是建立自我人際關係的場所

⊙要巧妙推銷自己首先必須瞭解自己

1. 選擇可以向對方訴求的東西

一提到面試，一般人的第一個印象便是考官的一連串問題，受試者因而容易緊張——這樣的場面誰都可以想像得到。但是，面試絕不是單方面的一場戲。受試者也透過考官瞭解企業，你有權利訴求自己的需求，如果過份被動，一定不會有成績。

在考官問到「志願動機」、「希望職種」、「學生生活」這些問題時，你大可儘情發表，作一場完美的演出。同時，對方也會問你「人際關係」、「優點」、「專長」等問題，此時正是機會，不妨簡單明瞭地將自己的優點提出來，用實例來證明更佳。

不過，想要做到這地步，首先必須充分瞭解自己才行。自己的長處是什麼？都要有所認識，同時，再加上最能凸顯自己的專長、特殊才能，選擇二、三項作爲話題，然後更進一步說明這些特點，對一個上班族來說是多麼重要的素養，如果自己被錄用，公司有什麼作用——話題必須提到這個程度，才能說是萬無一失的。

2. 談話雖未經修飾但有誠心誠意的態度也能被錄取

負責人事的人常異口同聲批評說：「優秀的人很多，但大都缺乏個性，很無趣。」由於學校僵化的教育，使學生的個性逐漸劃一化，具有自己個性的實在少見，但不可否認的，有許多人具備了許多長處，例如精力、協調性、領導力、慎重、忍耐力、行動力、決斷力等等，只是未被發現罷了。

因此，問題的關鍵在於如何讓考官瞭解自己長處的技巧。要達到這個目的，必須配合具體的例子及自己經驗而表現出來，使考官更瞭解你。然而，眞正要面試時，許多人都是結結巴巴說不出口。

但如果本人不在口頭上矇騙對方，而能好好把自己的意思傳給對方，一定也能傳到考官的心裏，即使話稍微粗糙未加修飾，只要是誠心誠意的態度，一定會給對方好印象。重要的是，要讓對方瞭解自己的態度。

〔問題⑳〕那麼，你用一分鐘說說看自己的人際關係。

●自我人際關係的開場白●

A① 我出於C縣，A大學B學系就讀，興趣是看電影，以及英文會話。

A② 我的自我推銷要點是精力，我的體力絕不輸給任何人。大學時代一直在柔道社，每天從早到晚都必須練習。貴公司的業務活動需要在外面奔波，十分辛苦，但我覺得自己應該沒問題。

A③ 無論什麼事情我都堅持到最後，追求完美，這種性格我認爲是和別人不同的長處，例如曾經發生過這樣的事……。

▼**陷阱**▲如果突然被質問時……

A④ 我還是未成熟的人，沒有比別人更優異的地方，但無論對什麼事我都要求自己誠實，並且具有積極應付的心態。

Q 你更進一層說說看。

〔建　議〕

⬇這樣的事寫在履歷書上只會讓考官困惑而已，要建立自我人際關係並不僅止於自我介紹。

⬇以精力爲訴求的受試者非常多，是什麼樣的精力，和別人有何不同，都應向考官說明。

⇩像這樣具體地陳述才是最重要的。

A⑤　上課時有不懂的地方一定問老師，一直到能瞭解爲止，我也常到圖書室去查資料。

Q　你很認眞我非常瞭解，但這些對貿易公司人員來說並不定管用。

A⑥　總之，我很希望有機會學習種種事情。

＊　＊　＊

Q　其他對體力有自信的人很多。

A⑦　不僅體力而已，我在柔道中也學習了協調性及禮貌，請多多提拔！

※如果被這樣想必會慌亂起來，但考官心想：「想進一步聽聽。」因此你要認爲「考官對我有好印象」以這樣的心情，熱忱地將自己的優點說出。

※若此時氣餒了，必定無法被錄取，應以「如何改變、如何成長向考官訴求。」

〈作戰方案〉有才能的老鷹會隱藏他的爪，但是，面試時卻必須積極地展示你的「爪」，要具有將考官抓傷的氣魄才好。A①不用說是不好的回答，A②的回答太平凡。如果能像A⑦這樣回答，會令人感到謙虛，產生好印象。A③的效果要視具體的例子如何而定。A④表現出東方人客氣的美德，會得到分數，但不要說冠冕堂皇的漂亮話，應以實實在在的你向考官訴求。否則，結果會像A⑥一樣，無法隱瞞。靠自己的經驗建立自我人際關係，回顧自己的過去幾次，熟悉自己本身！

〔問題㉑〕請你說出自己的長處及短處

●長處、短處的說法●

A① 是的，我的長處是具有領導力，自己來說有點不好意思，但我善於引導人，至於短處，則是有時會過份瘋狂，需要改進。

A② 我認為我的長處是處事慎重，短處和它是表裏一體的，也就是不夠積極，行動比較遲緩。

A③ 無論什麼事情我都不會懦弱退縮，態度很明朗，但另一方面，也許是因為B型的緣故，被認為厚臉皮，但我認為要從事業務工作，它絕對是必要的條件。

▼陷阱▲發言的內容再重複一次時將會如何？

Q 你一一用強迫手段的話，會被顧客討厭。

A④ 不，我不是這意思，我認為能說服對方的精力及臨機應變的能力我都具備了，另一方面，卻有神經質的一面，容易擔

〔建　議〕

※長處及短處是一種互為表裏的關係。這些都要巧妙地加以整理，連短處也讓對方認為很不錯，才是最重要的要領。

➡A①的回答方式，學生用語太多，不妥。A①、A②都必須針對為何具有這樣的長處、短處來說明。

➡A③提出血型會有負面影響。考官中也許B型而性格內向的人，不要依據社會的一般類型來決定事物。

憂，我想這點要它轉化為有利的一面才是。

Q　那麼，以什麼方式來做呢？

A⑤　對小小的事情也會注意，或是身邊經常保持整潔乾淨。

Q　你說你有臨機應變的能力，那麼反過來說，也是個會見風轉舵的人囉？

A⑥　人的性格各不相同，不能一概而論，我覺得兩者之間取得平衡相當重要。

⇩這樣的問題要像A⑥，運用技巧予以迴避，每個人的性格畢竟都是不一樣的。

〈作戰方案〉任何人都會有長處、短處，最重要的是要能掌握住自己的長處、短處。並且，不僅肯定自己的長處，要使它轉為好的方向，或是想伸展它的態度，才是正確的心態。A①、A②是平凡的回答方式。你是否眞正具備領導力、愼重這些優點，考官並不一定已經瞭解。像A④這樣，反過來說是如何，這點要好好掌握，是非常重要的要領。長處、短處獨自一人判斷錯誤的情形很多，要由朋友替你說出來，或是接受性向測驗，以客觀的方式來掌握較好。

〔問題㉒〕〔從自己的性格來考慮〕你認爲自己適合什麼樣的工作？

●業務工作的情形●

A① 因爲我幹勁十足，我想自己比較適合業務方面的工作。

Q 那麼，你認爲業務工作只要有幹勁就能做得好嗎？

A② 不，我想還需要忍耐力，仔細聽對方說話的態度，這種種要件都很重要，但其中我認爲幹勁是最重要的……。

＊　＊　＊

A③ 與人接觸，說話我最喜歡了，所以我想自己最適合業務工作，我自認爲在業務方面能發揮能力，還有我的朋友常說：「你這個人耐性很強。」都是因爲我對任何事情都不願半途而廢，他們大概也看到這點了。

●事務工作的情形●

A④ 我自認爲很謙虛，願意聽別人的意見，還有對事物也很有耐性，具有堅持到底的實行力。個人方面想從事與財務有關

〔建　議〕

⬇回答得太簡短。

⬇爲何自己具備幹勁，需有具體的表現，只是一直強調幹勁的話力量就薄弱了。

⇩以朋友的意見來證明自己，這點很好，會讓考官感到「這個人很善於掌握自己的性格」。

的工作，被賦予的工作一定會徹底做到最後，我相信自己有這樣的意志力。

Q　那麼在學生生活中，你發揮實行力及意志力的例子可否提出來作爲參考？

A⑤　在社團裏每年我都參加各校的觀摩會，我曾擔任總幹事兩次，尤其第三次雨一直下個不停，大家都喪失了幹勁，但那時……。

※事先想起學生生活的場面的話，碰到意料之外的問題時也能應付自如。把小事件有效地插入話題裏。

〈作戰方案〉公司在選擇職員時，通常如果是個性比較內向的人，就讓他擔任事務工作，埋首於辦公桌。若是比較外向的人，則擔任業務方面的工作，這似乎已成定規了。但是，性格及工作的關係，並不是這麼單純的劃分方式就能表示出來。無論要從事什麼樣的工作，都必須具有柔軟的思考，以及積極開拓工作的心態。同時，協調性、感受性也極受每個公司的重視，只是簡單描繪性格適合何種工作，很容易被繼續追究下去，像A②這樣有時會不知如何應付才好。最近是國際化、業務化的時代，有可塑性及敏銳也受到一般公司的重視，企業的擇才眼光愈來愈嚴格，像A⑤這樣展開話題，一定能獲得錄取。

〔問題㉓〕你是能領導人的類型嗎？

●不擅長領導人時●

A① 因爲是內向型的性格，通常跟著別人步伐走的機會比較多，天生性格如此，實在沒辦法。

＊　＊　＊

A② 我是比較容易跟領導走的類型，但我覺得這樣的性格實在不好。

Q 能不能說得更具體一些？

A③ 在社團中要決定某件事或朋友彼此要合作某件事時，我想積極發言，因此，和大學入學當時相比，已相當有行動力，更積極了。

Q 那是站在領導人類型比不是領導人類型更優秀這前提而說的嗎？

A④ 一般來說，積極而有行動力的人比較受人歡迎，我認爲陰暗不如明朗來得好……。

〔建　議〕

⬇坦直承認不太好，像A②這樣先認定自己没有領導能力，但想要培養這種能力，明白表示自己的態度較佳。

⇩內向還是外向，是有關氣質的問題，端看本人的努力如何，原本內向的人，也能變成有行動力的人，例子可說不勝枚舉。

※並不是別想「欺負」受試者，這問題的用意是想看看你是否不只有一面的想法，而有多

●擅長領導人時●

A⑤ 是的，我高中三年間都擔任班級幹部，一年級時大家都不認識，因爲想要領導大家所以競選了班級幹部。二年級以後繼續被選爲幹部，這當然是班上同學認爲我有領導能力。

Q 你預備在本公司如何發揮這樣的性格？

A⑥ 貴公司以往在海外是否不斷設立新據點呢？我想擔任這種國際化的一個尖兵，希望能在第三世界發揮能力。

面的想法。

⇩A⑤是傳統式的回答方式，但由於以經驗作爲背景而回答，頗具有說服力，能證實你行動力的材料事先準備二、三件比較好。

〈作戰方案〉在企業中，一般都要求具有行動力的人才，但並不是所選擇的人才都眞正具有行動力，雖然性格比較懦弱的人，只要具有豐富的感受性及誠實，也能被順利錄取。不過，像A①這樣的態度並不足取。如果是A②、A③還算馬馬虎虎的回答，但過份放心的話會像A④這樣遇到挫折。但那是看法如何而定，意志堅定的人或多或少都有領導人的部份，發現自己當中的那一部份來訴求看看。

〔質問㉔〕你擅長的學科聽說是歷史科？

●透過擅長的學科來訴求自己的個性●

A①　我從小就喜歡歷史，尤其喜歡三國演義的故事，我是司馬遼太郎的忠實讀著，他的《項羽與劉邦》、《龍馬傳》等，似乎有一種眼前演出栩栩如生的魅力，我從書中學到的是……。

＊　＊　＊

A②　政治中的選擧，我認爲有一種獨特的要素，失去這項要素，就變成普通的人，因此，國會議員經常在意當地的選票而生活著……。

●將擅長的學科與工作相結合●

A③　我認爲經濟活動意外地地域性及地理性發生了強烈作用，即使考慮市場，我想也需要有綜合判斷地域性的眼光，我對市場的調查曾特別用心研究過，那是因爲想瞭解地域活潑生動的經濟的緣故。

〔建　議〕

⇩任何人都會感興趣的作家所寫的作品，如果出乎意料地提出這話題，談話就可以更爲投機了。

⬇要說得讓考官感到興趣，否則反而會招致損失。

⇩將得意的學科與想從事的工作巧妙地予以結合，就是回答此種問題的要領。

Q　對歷史及文學很有心得和商業生意有何關係呢？

A④　是的，只是有趣的範圍愈廣泛愈好，我這樣想。

＊　＊　＊

Q　你為何喜歡市場的推銷活動呢？

A⑤　因為在大學二年級時，曾在超級市場打工，這家店不太好，經過調查好像物品不夠齊備，地點也不太適合開設。

⬇文學系學生為何不被列入企業錄用的名單裏？那是因為，大學所學的和商業沒有直接的關係，文學系的學生首先要充分認識這點，再去接受面試。A⑤程度的回答方式很危險。（⬇參照〔問題⑱〕）

〈**作戰方案**〉對於擅長的學科，為何會喜歡此科？喜歡哪些部份？從此科學到了什麼？以後要如何活用？都要一一向考官說明。A①的回答，是以從歷史掌握到什麼為關鍵。A③是抽象性的看法，再更進一步發展到A⑤就更好了。能回答到這地步的話，就能突破錄取線，脫穎而出。到了面試當場才想答案，就不可能說到這地步。自己為何喜歡市場調查，從日常生活的觀點來品嚐考慮的成果。至於其他的情形，該學科所具有的普遍性也要談到。

〔問題㉕〕你專長（資歷）一欄塡的是……。

●用專長來推銷自己●

A①　我大一時就加了演講研究會，現在可以在衆人面前說上十分鐘到二十分鐘，已經不會怯場，也培養了積極性。

Q　能不能在一分鐘內說一個小故事？

A②　好，那開始了……。

＊　＊　＊

A③　班上及社團的宴會都是由我來負責一切，有時也參加其他社團的宴會。

Q　那麼，你在當中展現了什麼樣的才能？

A④　並不是什麼了不起的才能，但在同伴中卻普受好評……。

●以資歷來推銷自己●

A⑤　因爲我覺得出了社會可能會有用，所以學了商業簿記。

A⑥　駕駛執照不用說，業餘無線電三級、鍋爐修護員、安全管理員等等，都是和我所志願的事務工作沒直接關聯的資歷，

〔建　議〕

※在專長欄記述了什麼，是一定會被問到的問題。有必要時可以在實際操作中證明自己，如果是不能表演的專長帶著作品也很好。

※在這裏注意不要把話拖得太長，用一分鐘左右把故事說得很有趣，這不僅考驗你的演說能力，同時也能考驗你的反應性及判斷力。

⇩A⑤「現在是二級，但進入公司後，一面學習實務，一面想向一級挑戰。」如果能繼續這樣說更佳。

⇩A⑥取得資格的態度能令人感到積極性，要讓對方認爲「這個年輕人可以把工作委託給

但總而言之我是一個討厭浪費時間的人，經常沒有目標就會感到無聊的類型。

▼陷阱▲你是否要繼承家業，如果對方如此問的話……。

A⑦　因爲我父親從事不動產經營的緣故，我取得了房地產經紀人的資格。

Q　將來是否要繼承父親的工作？

A⑧　不，現在還未確定。

他」。

⬇進入公司後，因爲家庭的關係必須辭職，有這種可能性的人一定不會被錄用，所以要明確否定才是。

〈作戰方案〉以自我人際關係一環中的專長、資歷爲訴求，要告訴對方因爲學會了這些專長、資歷，自己如何獲得成長。A①正是典型的例子。A②是所謂「交際部長」的情形。領導能力及協調性及明朗的態度來訴求更佳。A⑤是常有的回答，因爲資格取得的動機不清楚，這資格若想要運用於公司中，會給人需要時間的印象，資格不是義務感，因爲自由有興趣所以取得。如此一來，由資格所衍生的問題，話題也能更起勁。

〔問題㉖〕你的英語會話程度如何？

●對英語會話感到棘手時●

A① 我幾乎不會說，因爲我對英語感到很棘手。

A② 紙上的測驗比較能得心應手，但一提到會話就感到很棘手……。尤其是我的聽力不好，這點成爲一個亟待突破的瓶頸，本來我非常喜歡閱讀英文書籍及報紙，進公司後我一定會努力向英語挑戰。

●擅長英語會話時●

A③ 我收聽「空中英語」大約已有二年的時間，並且也曾到加拿大籍老師那兒接受個別指導，暑假時師生一行十人到了老師的故鄉，增加不少說英語的機會。

Q 那麼老師故鄉値得一看的地方用英文描述看看。

A④ 好…… Well, it appears most Japanese make it a point to see Queen Elizabeth Park, Stanley Park and Grouse Mountain ……。

〔建　議〕

➡即使完全不行，也應表現自己的進取心：「今後我想認眞學習」，「到七月前要達到某種程度」。

⇩對英語會話有自信時，應把實力展示給對方看，具體的例子更佳。

※一定會被考驗，要你用英語來演說，不必慌亂。

Q　今天的「天聲人語」節目中有談到就業問題，用英語說說你的職業觀吧。

A⑤　職業觀嗎……。I think……。

Q　很好。貿易公司每天都有從國外進來的電報，到外國出差的機會也很多。

A⑥　對不起，因爲很緊張……。我今天開始要重新學習，希望七月開始能說得很流利，請多指教。

※要考貿易公司的人，若要以英語作爲一項特長，就必須用簡單英語說出每天報紙的重要新聞。

〈作戰方案〉由於國際化時代的進展，英語能力在一流大企業中佔了相當大的比重，完全不會說的A①另當別論，取得英語檢定二級資格的人，不會說這種非實踐性的英語，實在無法被錄取。A②的程度可說是標準的答案。近來，考官在面試時會突然提出這樣的問題：「你用英語說說看對某事的看法。」對於志願動機、興趣等容易被問到的項目，事先準備好用簡單的英語說出來，太緊張而說得不清楚，最少應像A⑥這樣回答，也相當有希望被錄用。

〔問題㉗〕關於要好的朋友是否能說說看？

●沒有特別要好的朋友時●

A① 我沒有特別要好的朋友，一向我都不依靠任何人而生活，並且以此作法來磨練自己，當然，作爲一個企業人，團隊合作是很重要的要素，這點我非常瞭解，但我的想法是，尊重別人，發揮自己的能力。

●說朋友的事以建立自我人際關係●

A② 一進大學，一起辦刊物的S先生，是我一輩子都想交往的朋友。他爲人很好，是個什麼事都可向他傾訴的朋友。

Q 你和S先生交往對你有什麼好處呢？

A③ 是的，他有一顆體貼的心，總是能站在對方的立場來想。他非常自然地關懷對方，巧妙改善了團體的氣氛。

A④ 不能說非常要好，但從尊敬的意義來說，就屬同班的M先生最親近了。他對研究十分熱衷，洞察力也很敏銳。同樣是刑法判例，大家所未發覺的地方都能向教授指出。我從他那

〔建　議〕

➡像這樣的情形不要百分之百予以否定，如果喜歡孤單一人，你自己一人可以做什麼事，以具體的例子表示出來，如果意見非常不錯，一定會獲得好的評價。不過，考慮別人的立場這點絕不忘記。

⇩不僅說明朋友給予自己的，自己對朋友有利的一面也要先考慮，我們應以朋友彼此如何互相影響而完成人的成長爲訴求。

兒所學到的不是友情，而是研究學問的方法。

Q　你和朋友都以什麼方式交往？

A⑤　並非特別與衆不同，一起去喝酒或互相參考筆記、打電話。只是我一向很小心不麻煩朋友。

⇩不想麻煩朋友，表現出朋友的體貼，會留給考官好印象。

〈**作戰方案**〉說有關要好朋友的事，可以知道一個人的生活方式、對人的看法。A①的情形並不常見，企業有一種用人的傾向，即選擇朋友多的畢業生。和朋友交往當中，什麼事獲得有利的影響，應事先整理好，這是非常重要的一環。至少要能像A③這樣回答。A④也是不錯的回答方式。有沒有在自己煩惱時可以進一步商量的朋友？對友情的看法如何？……，有時會問到關於朋友的事，如果是極其個人性的事，以慎重回答爲要領即可。

〔問題㉘〕你的健康狀態如何？

●健康良好時●

A① 可以說普通。一年約一、二次感冒的程度，不會有特別需要躺在床上不能起來的情形。

A② 我的身體相當健康，數年間未生過病，從高中時代起我便用劍道來鍛鍊身體，對於貴公司辛苦的業務，我有自信可以完全忍受。

●健康上有不利點時●

A③ 平常身體並沒有什麼特別不好的地方，但是，今天工作很疲勞，感冒加重，身體狀況不理想。

A④ 高中生時因爲罹患了腎臟方面的疾病，有一個月的住院經驗，但是以後一直很健康，所謂「久病成良醫」反而比別人更注意健康。

＊　＊　＊

A⑤ 身體也許比別人更虛弱一些，血壓較低。

〔建　議〕

※你的說話方式，臉色及態度，都一一被看在考官的眼裏。

⇩像這樣考官如果對你的健康有印象時，錄取就不成問題了。但是，過份誇張會令對方覺得厭惡，應注意。

⇩健康狀態立刻會表現在臉部或態度，如果稍感疲勞就不要硬撐場面，老實回答想要「祛除身體虛弱困擾」的決心。

Q　血壓低到什麼程度？

A⑥　七〇到一一〇。

Q　的確很低。這樣說來你的臉色不太好。

A⑦　今天特別緊張的關係……。

▼陷阱▲你早上精神是否很好？被這樣問時……。

Q　你是早上精神比較好呢？還是屬於夜貓子型？

A⑧　早上是有一點……。因爲培養了夜貓子的習慣。七月開始要改成早起鳥型。

※以數字來掌握自己的身體狀態。

⬇「臉色不好」的指摘，大概就無法被錄取了。今後要多多從事體操運動，注意飲食，改變爲健康的身體，希望有這樣積極的發言。

〈作戰方案〉每一個企業都會要求提出健康診斷書，因此，我們可以想見健康狀態是多麼重要，最好能擁有證明文件。最近是「企業戰死」這名詞出現的時代，因爲有健康的身體才能工作。A①～A④的回答方式大概沒問題，會被錄取。A⑤會再反問，應準備有說服力的答案。不過，可以的話，不要回答身體虛弱這點，應說身體狀況良好。不必說出對自己不利的發言。A⑧會令人擔心，到了七月是否眞的能變成「早起鳥」型的人。

◇學生用語是禁忌

這個原則已經被強調過多次，但意外地還有許多人未遵守。仔細想來，每天使用的語言會自然而然脫口而出，也是極其當然的事。立刻要教你改變，也許非常困難。

然而，讓考官感到怪異，被對方認為沒禮貌的傢伙，顯然是不利的，應儘量使人有誠懇的感覺，因此習慣需要培養。

實際的面試場面上，當然「太遜了」、「帥呆了」、「眞鮮」這些學生用語很少出現，但有時受試者也不免有看來幼稚的表現，十分令人擔心。這樣的表現，正暴露此人知識的不確實性。

此外，面試時運用感覺性外國文字的人也愈來愈多了，這也是最近的趨勢之一。的確，近來出現電視的評論家中，特意引用外國文字者並不乏其例，但面試時應儘量保持客氣的態度比較安全，要讓人感覺有知識的印象，而不是輕薄不莊重的印象。

■情報②■

學生用語多半使用感覺性的文字，那是因為沒有在自己的腦海中整理過一遍的緣故。學生時代做了什麼事？自己的長處、短處是什麼？志願動機何在？……等等，事先應善加掌握，在頭腦的抽屜整理好，一旦考官提出問題，就能立刻提出答案來回答。

如果能在腦海中謹記著「面試時要小心不要使用學生用語」，臨場便能控制你的發言內容。如果突然脫口而出，應立即改正，這麼一來，考官心想：「啊，他已發覺這點了。」便隨之取消對你不利的評價。

第三章
學生生活中必須有活潑的個性

⊙說出和別人不同的學生生活，以特色來得分

1.在四年間成長了多少？

社團、打工、讀書會、旅行，什麼都可以，只要認爲自己這方面不輸給別人，都能準備用來向考官報告。而在其中你學到了什麼！有什麼體驗，如何在煩惱中成長？都是很好的話題。只要專心一意認眞從事某件事情，縱使學業成績不理想，相信考官的心也會被打動。某一大貿易公司的人事主任曾這樣說：

「如果有受試者將自己學生生活中的片斷，以鮮活的內容描述出來，遇到這種情形時，甚至會令人感動不已，會讓人以爲他所說的話千眞萬確的，有過實際的經驗。在面試應運用腦筋，只用嘴巴來說，顯得膚淺，且露出自己的馬腳。總之，如果能讓考官認爲你在學生生活中所學到的事，進入公司後也有用，這是我們所期待的人才。」

2.平凡也能成爲致勝的武器

儘管如此，要說出一番生動活潑的話也不是那麼簡單的事，大多數的學生都是過著大同小異的大學生活，因此，並不是平凡就是不好的。

在上課及社團活動中如果表現平平，起碼有所收穫，你所學到的也許和別人一樣，但對

自己來說卻是難能可貴的體驗，珍貴人生的一幕。你應坦直地將這些體驗用自己的話說出來，讓考官更瞭解你。

從平凡的學生生活中，找出閃閃發光的體驗，生動地陳述一遍，一定能打動考官的心！

〔問題㉙〕請回顧學生生活說說你的感想。

A① 我並沒有特別專注於某方面，但倒是結交了不少朋友，我想那是最大的收穫了。

A② 坦白說，我曾經茫然地過了一段日子，但自從參加了校慶活動之後，上課變得很有興趣，覺得非常快樂。

* * *

A③ 每天都很忙碌，過著充實的生活，這便是我的感想。

Q 你做了哪些事呢？

A④ 在讀書會中研究民法，社團中辦文藝雜誌，在打工經驗方面，一年中約有一半的時間都在工作，但我經常警惕自己，不要喪失了進取心，還是以學校課業爲重。

Q 那麼，有沒有具體的成果可以說說看的？

A⑤ 是的，……。我瞭解了民法的深奧，在雜誌上發表了幾篇小說，在打工的環境更窺見了社會險惡的地方，也知道了賺錢是多麼辛苦的事。

〔建　議〕

⬇列舉與朋友的關係的人很多，但過於平凡。

⬇即使眞的如此，還是不要這樣坦白比較好。希望你具體說出在校慶中擔任了什麼工作？什麼讓你最快樂。

※在參加面試之前事先想過一遍的話，可以稱之爲「學生時代的收穫」的事應該可以想起好多件，接著只要稍微研究一下如何表現即可。

⬇將如何獲得成果的辛勞一一說出來即是。

＊　＊　＊

Q　學生生活很快樂嗎？

A⑥　是的，有許多朋友，擴大了交往的範圍，社團活動致力於研究廣告，自己所喜歡的政治學，尤其是國際政治，和讀書會老師及夥伴熱烈地討論，這樣的學習方式我覺得很不錯。

⇩大學所學更重於人際關係、社團活動的態度，會令人產生好感。

〈作戰方案〉學生生活如何渡過，其間的生活態度是否適用於企業人，這是考官判斷受試者的一大依據。由於問法的疏失，受試者的答案也有愈來愈缺乏具體性的傾向。A②、A③就是典型的例子。第二次、第三次被深究的話，應像A⑤這樣回答，但是，希望你開始的問題就能回答到此程度。事先回顧整個學生生活，檢查是否會對自己不利的一面，或是有利的一面。學生生活積極地渡過，只要專注於某件事，考官會感到有興趣。像A⑥這樣回答，話題的範圍更廣，必能突破錄取線。

〔問題㉚〕在社團活動中你獲得了什麼？

A① 我是屬於網球社的一員，學習了協調性及忍耐力。

* * *

A② 在經濟研究會的研究，於國內自由主義經濟的結構，以及競爭原理兩者如何巧妙配合建立了今日的社會，有了更進一步的瞭解。

Q 從人的方面來看又如何呢？

A③ 是的，從一項主題的互相研究中，不僅要主張自己的意見，我更明白了傾聽別人意見的重要。

* * *

A④ 參加了社區運動的同好會，擔任會計一年，在這期間，我知道了使用金錢的困難，會計這職位，是在後面支援，必須壓制自己的主張，所以我學會了忍耐的習慣。

Q 那麼你都是遇到痛苦的事嗎？

A⑤ 不，快樂的事也很多，夏天到海裏潛水，秋天爬山或打網

〔建　議〕

⬇回答得很抽象，是什麼樣的活動讓你學到了協調性及忍耐力，加上具體的例子來說一定效果倍增。

⬇還不夠有力，透過集訓活動，如何自己得到成長，這點也是很好的訴求重點。

⇩舉實例來說更佳。

⇩「透過運動我得倒了……」這是陳腐的表現，不如不說較

球，冬天以滑雪爲主，在集訓時發現朋友不爲人知的一面，對人看法更深了，培養了我的積極性。

Q　在哪一點你覺得對人的看法加深？

A⑥　是的，滑雪的集體訓練時，有關今後的活動方針和社長形成對立，但那時……。

好。考官會厭倦這樣的說法，無法給你高分，應考慮自己獨特的表現方式。

〈**作戰方案**〉在社團這一共同體中，你學會了什麼？這是面試時必問的問題。企業要求具有協調性、忍耐力及行動力的人才，但只靠著口頭上的答辯，受試者是不是眞的有所收穫卻無從得知。因此，以上實例，像A⑥這樣回答，才能得到及格分數。沒有加入社團的人，要以具有說服的內容，來證明爲何不參加的原因，把社團以外自己所努力的成果（讀書、體驗）事先在腦海中回想一遍，並以是否能建立廣泛的人際關係，是否能發揮個性及對人的成長有何作用等項作爲訴求重點。

〔問題㉛〕在讀書會中你學到些什麽？

A① 在K老師的指導下，以市場論爲中心，研究了經營全面的問題。

A② 因爲我讀的是英文系，原本是要參加英國文學研究小組，這也是理所當然的選擇，但我卻參加了文學系的比較文學研究會。那是因我不拘泥於英國文學狹窄的範圍，想對各國的文學做一番比較檢討。

* * *

A③ 我研讀了有關國際金融的問題。

Q 把内容說說看。

A④ 是的，國際經濟由於石油輸出國組織諸國力量的低落，變成台幣上升而美元下跌。

Q 你在研究會所研究的學問如何應用於本行呢？

A⑤ 是的，在銀行國際化的進展中，業務擴展開來，今後必須站在國際性的視野來看全體金融，此時，國際金融便擔任了

〔建　議〕

⬇這個問題並不是問你爲何選擇比較，沒有問到而先回答，會給對方好印象，但要在被質問的範圍内回答才好。

⬇像A③這樣的回答方法，一定會進一步被追問下去，希望你要說明到使任何人都能瞭解的程度。

很重要的角色。

＊　＊　＊

Q　K老師是怎樣的老師？

A⑥　簡單地說，他是非常率直、嚴格的老師，但在集訓時他甚至很親切地教導我們喝酒、交女朋友的方法。

Q　在市場論中你最感興趣的是什麼？

A⑦　消費者的見異思遷，比方說……。

※看老師就可看出受試者性格的一端。

⇩看法眞有趣，說得很有條理的話，一定可以被錄取。

〈**作戰方案**〉對於特定的大學讀書會學生，企業每年只錄用幾名而已。最重要的。還是依自己的喜好所選擇的主題，可以讓你學習到什麼，自己如何思考，現在有什麼樣的想法，都要向考官訴求。回答③的答案，常有被追問的情形，此時就要像A④這樣進一步說明。事先充分整理研究會的活動。A⑤的回答還不夠好，如果再表現出幹勁，一定能進入錄取的名單。至於沒有選擇讀書會的人，必須強調自己在課餘研究了什麼主題。

〔問題㉜〕請告訴我你畢業論文的內容。

A① 我研究了保險的歷史。

Q 更具體地說說看。

A② 日本最初締結保險契約的人是福澤諭吉，一八六七年他到美國訪問時買了許多書籍，考慮了海上運輸的風險，便投保了損害保險……。

*　*　*

A③ 我是以S市的INS實驗現場報告作爲論文。

Q 社會學系比較能自由選擇主題，是嗎？

A④ 是的，我對新媒體社會很有興趣，從一九八四年開始的S市INS實驗，把重點放在運動上，目前的S市……。

*　*　*

A⑤ 你回顧一下中日貿易的歷史，談談今後中日貿易的發展

Q 稍微再詳細告訴我。

〔建　議〕

⬇話不要說得過長，能簡潔地說出是因爲在自己腦海中把問題充分整理過了。

※首先說出要點，然後看對方的反應，提及概要，考官更進一步表示關心時，再詳細說明—此爲應答的基本原則。

⇩如果考官對你的內容有興趣，正是表現研究成果的好機會。

A⑥　以往的中日貿易，由於中日友好，與其說做生意不如說友好關係的比重比較高，但二十一世紀將有二千萬市場的中華民國……。

Q　今後中華民國對日本的貿易你認爲什麼樣的商品是最有利的？

A⑦　我看還是以電氣製品爲主吧，此外，汽車、機車也是一大主力。至於輸入方面，則以鐵礦、石油、煤炭、大豆……等爲主。

Q　和現在沒什麼兩樣，你本身對新的中日貿易的看法、見解如何？

※這個問題是想要瞭解你研究到什麼程度。今後將如何研究下去，對公司有何幫助，是訴求的重點。

⬇隨想隨答，沒有經過整理的話效果一定不佳。對事物沒有自己獨特的意見也是不利點。

〈作戰方案〉畢業論文無論如何會偏向深奧難懂，如何說得讓考官容易瞭解？問題點的看法自己如何去分析？這些都是應試時的要點。A①的回答方式軛在過於簡潔，要具體說明才好。A②是論文口氣的回答，並不容易使人有親切感。至於A③的回答，因爲提出現場報告，會留給考官好印象。能說到A④的程度，一定能錄取。像中日貿易這種考官比較有所認識的主題，若是沒有好好研究過，一定會被對方問得招架不住。沒有畢業論文的人，要準備代替的東西，以自己的方式整理出研究成果。

〔問題㉝〕你是否有打工的經驗？

A① 我曾在汽車公司做過店員，同事之間相處融洽，非常有趣地過了打工的日子。

* * *

A② 大二、大三時我擔任一位中學生的家庭教師，開始時不知如何教他，感到相當煩惱，但我買了參考書，在研究之後終於能掌握要領了。

Q 那麼，那學生有沒有考上理想中學校？

A③ 是的。老實說我原本心想：「到夏天大概沒有辦法考上了。」但學生和我兩人共同努力，終於順利進K高中，也許是和他之間已產生了連帶責任感、信賴關係，我覺得非常高興，在求學過程中算是一件印象深刻的事。

* * *

A④ 我曾有許多打工經驗，例如幫Y報社在選擇時做支持政黨的問卷調查，印象最深。

〔建　議〕

⬇什麼事情有趣要說出來讓考官知道。

⇩不僅教書，自己也同時研究學習的態度非常值得嘉許。

Q　爲何印深最深呢？

A⑤　令我感到意外的是，拒絕作答的人很多，我以爲一提到Y報社的名字，大家都會很樂意合作，但想不到反應卻十分冷淡，得到的回函只達三分之二。還有一點，對政治有概念的人頗多，我訪問時不覺精神抖擻起來，然而……。

Q　你透過這種打工學到了什麼東西？

A⑥　我認爲它和業務工作頗有相通之處，瞭解靠著雙腳收集資料的辛苦，而對初次見面請求事情更是不容易，要說服別人接受，也需要有好的口才，關於此點進公司以後……。

⇩用有趣的題材來具體說明，這點不錯。

※這是一定會被問到的問題，所以事前應有充分的思考。在打工所學到的經驗，進入公司後要如何利用，能說明此點錄取就不成問題了。

〈**作戰方案**〉打工的經驗和校園生活不同，是以社會爲對象。在打工之中，可以發覺自己的想法實在太天眞，更可以看出社會生活的險惡。從你的經驗，考官可瞭解你的觀點，所以實際上像A①這樣輕鬆應付的學生很多。並不是隨便說出在什麼地方打工就了事了，像A③這樣把令人感動的事，或像A⑤這樣把自己的辛苦，說給考官知道，才是正確的應對方法。而你從打工學了什麼事情，考官也想知道。最近，在經濟方面感到拮据的學生頗多，但打工很辛苦的學生，也會打動考官的心。

〔問題㉞〕在學生生活中所獲得的東西，你想如何活用於公司？

A① 我透過行動、忍耐力，和朋友的交往及打工，知道社會的廣大，對於種種經驗，我想使它們成爲借鏡，作爲一個社會人對公司有所幫助。

＊　＊　＊

A② 自己這樣說也許有一點自誇，但我自認爲是個相當認眞讀書的學生，並不是特別希望成績優秀，而是爲自己而唸。我讀的是經濟系，但愈研究愈覺得經濟的趣味，覺得它是一門非常活的學科。

Q 那麼你要如何活用這些知識呢？

A③ 是的，經濟和企業社會是無法分開的，經濟的機能……。

Q 好，好了。

A④ 我想說的是，作爲一個企業，我會將大學所學的經濟學善用於貴公司，使貴公司更有發展。

〔建　議〕

⬇非常抽象的回答，沒什麼說服力。只會讓考官感到不安，無法被青睞。

※要迅速掌握「對方在問什麼？」；這是能簡潔回答對方所要求問題的鐵則。考官想知道的事應一一回答，如果有讓對方贊同，頻頻點頭的情形，就有十足把握被錄取了。

⬇面試的時間有限，在短暫的時間內應先將自己的意見整理好，這是最基本的訓練。

A⑤　我是屬於比較不認眞的學生，上課經常缺席，但在社團活動中相當活躍，擔任了社長，爲了整合每個社員花了許多心力，也學會了忍耐，這些特質在從事工作時會比較有力。

Q　嗯，然後……。

A⑥　自己所擔任的工作，立場上必須完成責任。我如果是薪水階級的話，這點會好好銘記心裏，努力以赴。

⇩有怎麼的辛勞過程，在爭執的場面中如何控制自己的情緒忍耐下來，這些都是建立個人公關的絕佳機會。

〔作戰方案〕社團活動、讀書會、畢業論文、打工……等等，從這些學生生活的寶貴經驗中，你想如何活用於社會？如果說學生時代是社會人的「充電期間」考官當然會要求你回答這個問題，以便對你做進一步的瞭解。無法回答問題的人，必是未回顧學生生活加以反省的緣故。A①～A④的情形是常見的例子，表示未在自己的腦海中好好整理的證據。A⑤、A⑥的說法是一般性的例子，這個問題和社團活動及打工的問題有關，考官通常會問到，所以要特別注意。

〔問題㉟〕你認爲學生和社會人士有何不同？

A① 學生時代必須依靠父母，進入社會後就不再能如此，我想賺取自己的生活費這點是最大的不同。

A② 成爲一個社會人之後，一切不能再像學生時代那麼任性而爲，有所謂的責任感的問題，而且也必須爲周圍的人考慮。

* * *

Q 你在進入社會後還會向父母撒嬌嗎？

A③ 呃……。是的，我偶爾會撒撒嬌。

Q 從什麼方面讓你這樣認爲呢？

A④ 因爲父母每個月都寄生活費給我，滑雪時費用不夠也請他們支援。打工時因爲心裏想著「我還是個學生」，對自己所犯的錯誤就比較不在意，而社會對學生通常也能以比較寬容的態度來看待。

〔建　議〕

⬇指出經濟面的因素並不夠充分，更需表現出內在的因素，比方說從希望培養責任感、團隊精神、忍耐力的觀點來回答。

※一般來說，學生在社會受到非常多的照顧，比社會人更輕鬆，你要否定自己不會依賴時，必須有能證實的例子才能說「不」字！

⇩若能冷靜地審視自己的立場，就會出現像A④這樣的回答，縱使有一點依賴性又何妨，自己要有自覺，坦白承認，並且，希望成爲社會人後能改正這點，這才是最重要的態度。

Q　你認爲出社會後如何改變這樣的觀念？

A⑤　是的，自己的事由自己來負責，不增加別人的負擔，我希望能做到這點。

Q　你一向爲何沒這麼做？

A⑥　我雖然自己認爲這樣做……。也就是說，一旦身爲社會人士，責任的範圍就更大了，稍有錯誤，便可能牽累了公司全體，從這意義來說，我覺得自己的責任很重大。

Q　我知道，你好像可以委以重任。

➡這個回答方式會有負面影響，將大學的班級及社團等團體和公司的部、課等部門相比較，答案就自然出來了。

⇩立刻將社會人和學生的不同點出，表現不錯，絕對會被錄取重用。

〈**作戰方案**〉學生和社會人的不同點頗多，一般的學生大概都會像A②這樣回答，問題是考官想要瞭解，你自己感覺什麼方面較任性？是否能夠有所認識並加以反省？對方更想知道，反省過後，作爲一個社會人你如使自己成長？學生時代隨便採取某種程度的任性行爲，會困擾大多數的人，但進入社會後，影響的範圍更廣，這點要充分認知。反省自己率性自我的想法，像A⑥這樣回答，必能獲得賞識。

〔問題㊱〕你爲何留級？

A① 因爲大學三年級時我到印度、歐洲等地遊歷，那一年幾乎沒有修到學分。但是，這次旅行收穫非常多……。

A② 大二時因爲染上肺病，向學校申請休學半年，但現在已完全康復沒問題了。

A③ 老實說，大學正是我對自己的生活方式感到疑惑的時期，那時我決定暫時不回到學校去，但方向搖晃不定，我曾夢想過成爲一位作家，整天關在公寓的小房間寫小說。

＊　＊　＊

A④ 因爲我學分不夠。

Q 不夠多少？

A⑤ 二十個學分。

Q 爲何有這麼多學分沒有修好？

A⑥ 因爲很少到學校去上課，但在打工中我反而充分得到學習，從這意義來說，我並未後悔留級一事。

〔建　議〕

※留級或考了幾年才進大學的人，如果和順利畢業的學生相比，當然會有一些差距，但是，你要將這些事實轉化爲對自己有利的一面，這是面試時必備的「武器」，雖然慢了一、兩年畢業，但你一定在其他地方彌補了成長的不足。

⇩不要說得太深刻。考官會認爲「既然個性如此，進公司後會不會有迷惑」而感到不安。

⇩總之態度要坦然，強調自己留級的期間並未浪費人生，主張對自己有利的這點。

＊　＊　＊

A⑦　我學分都夠了，因爲就業失敗我自己留級了一年。

Q　你的目標是何種企業？

A⑧　在貴公司去年的筆試失敗，但這一年因此熟讀了新聞、雜誌。

⇩這是志願從事大衆傳播者常有的類型，同業的勁敵很多，必須在學問上下一番功夫，例如精通一種外語，或是取得一種資格，主張你這一年如何有意義地渡過。

〈作戰方案〉如果考了多次才進大學或留級過，只要有充分的理由，就不會和順利畢業的學生有太大的差距。A⑥是說明在打工中獲得了什麼經驗，A③則是陳述如何在迷惘之後脫胎換骨，都有強烈訴求的必要。A②的情形，最好能附上健康診斷書，証明自己已完全康復。A①大概會引起考官的興趣。像A⑦這樣的情形，是表現自己對該企業的熱忱，而以如何有效利用留級的一年時間爲訴求，學生方面如果能帶著自信說下去，考官一定會深表認同，要知道懦弱是最大的敵人！

〔問題㊲〕你選擇大學（學院、學科）的理由是什麼？

A① 它有良好的傳統，我所志願的經濟學，講義內容非常充實，在社會上獲得極高的評價，因此我參加了考試。

＊　＊　＊

A② 我選擇學校時，科系重於名氣，高中時第一次接觸古典文學，想要更進一層研究中世紀文學，因此進入I教授執教的B大學。

Q 讀書會的中世紀文學也是由I教授負責教課嗎？

A③ 是的。

Q 你從I教授的課上學到了什麼，除了中世紀文學以外？

A④ 是這樣的……，我學到了讀書的態度，亦即不是漫無目標地看書、聽老師講課或做筆記，而是以自己的雙腳去取材。

＊　＊　＊

A⑤ C大學是一所小型大學，但教育方法很獨特，所以以它爲

〔建　議〕

※過去沒有被錄用的實績時，要事先準備這種問題的答案，應如何回答先有一個腹案。

⇩與其重視大學的名氣，不如重視其講座內容——這種觀點會留給考官好印象。

⇩著眼點很好。應再提及I教授的人品。

⇩不必在意知名度低的大學，自己要具有自信，把優點不斷

第一志願。

Q　獨特之處在哪一方面？

A⑥　學生人數少，和老師接觸的機會很多，能儘情表達自己的意見，同時因爲能發表自己的意見，獲得老師的建議及指導，這是教育上所謂的「互相切磋」。

*　*　*

A⑦　考試時未深加考慮。總之我一心想進入T市的大學。

Q　那麼，你升到大四感覺又如何？

A⑧　自己來說也許有一點……，但我覺得它是個好學校。

向對方訴求，對自己的學校感到驕傲的事，大可以積極的態度表現出來。

⬇這是私大學生常有的情形，這種學生意外地多半一次圖書館也未去過，只爲了一張文憑而已。

〈作戰方案〉這也許是不甚重要的問題，但出乎意料被問到的機會很多。考官的用意是在於，你對四年所過的大學生活有何感想，想要有所認識。像A④這樣，對老師的看法也是常問的問題。有A⑦這樣程度認識的學生比較多，但A⑧看來有一點寒酸，如果喜歡自己的學校，喜歡哪一點，討厭的話又有何原由——都要好好整理一番。如果臨場說不出來，成爲社會人之後，大概也會隨波逐流、默默無聞而結束一生。

〔問題㊳〕你選擇本地大學的理由何在？

A① 我個人想到G市的大學就讀，但由於經濟上的考慮，進入了本地的國立大學。

A② 我考慮過T市的大學，但是，如果租公寓住，父親的負擔勢必加重，因此決定進地方大學，地方大學的優點，首先是校園很遼闊。

* * *

A③ 不，我雖出生於南部，但既然要過大學生活，應該到遠一點的地方去，所以我就來到北部。

Q 從南部到北部來讀大學，結果如何呢？

A④ 我覺得非常好，那是因爲我以前很想到人們豪邁開朗的土地上，L市這方面最適合我。

Q 比方說它好在哪裏？

A⑤ 比方嗎……。我不能說得很完整，總之，氣候很溫暖，風景那樣美麗……。

〔建 議〕

⇩出身地方大學的人，列舉出經濟方面的理由很有說服力。

※以都市大學無法享有的優點，訴求地方大學的特點。

⇩像這樣獨特的理由，清楚地說出，一定會獲得好的評價。

⬇A⑤回答語意模糊。來自南部的人到第一次前來的L市過學生活，什麼事情令你感動

＊　＊　＊

Q在地方的大學過了四年，卻又想到T市工作，關於此點你有何看法？

A⑥如果要到T市工作，我一點也不會覺得不安。

Q　T市不像鄉鎮這樣優閒喔。

A⑦人家常說T市非常可怕，但我早就有心理準備，而且聽說開始時要住進單身宿舍。我不像在都市長大的人，有脆弱的一面，想請前輩儘量磨練我。

Q　年輕時能到T市去一次也不錯啊。

，和自己的氣質有何不同，都要說明才好。

⇩表示錄取的訊息。

〈**作戰方案**〉近來，負責面試的相關人員對地方國立大學的評價有下降的趨勢。但是，對就業者而言並沒有太大的差別。事實上，我們從大企業來看便不難發現，從南到北各大學的畢業生都得以進入這些企業工作。面試時和大都市學生不同的是，地方大學的特色一定會被問到。如果能像A②這樣回答，錄取當然不成問答。A③這種類型的學生，應明確地說出地方的不同點，在地方都市過著優閒生活而畢業的人，更需表現出在大都會中作爲上班族被磨練的意願。

〔問題㊴〕你在運動一欄填寫的是……。

A① 高中三年都打橄欖球，因爲先在大學裏學好英語，並不是在正式俱樂部而是在同好會中持續練習，此外，每天慢跑。

＊　＊　＊

A② 一年級時就加入了登山社。

Q 你的社團人數有多少人？

A③ 全部三十名，男女各半。

Q 在社團裏你擔任什麼職務？

A④ 並沒有特別擔任什麼職務。

＊　＊　＊

Q 爲何擔任會計呢？

A⑤ 我是在不知不覺中當上了會計，大概大家認爲我有按步就班的性格，所以才推薦我。我自己對會計一職感興趣。

Q 怎樣有趣法呢？

A⑥ 數字和金錢不吻合時，感到很不舒服，以後需要多少經費

〔建　議〕

※履歷表旳運動欄不要空白，總之什麼都可以，寫進一、兩項。夏天要多曬曬太陽。

⇩A①、A②都可以，具有個人的興趣及加入同好會時，應說明加入的理由。

⇩在同好會或俱樂部裏擔任什麼職務？透過這角色學到了什麼？都要一一說明。

⬇宴會上的主角、被叱責的角色，什麼都可以，用自己的角色定位來訴求。

⇩別人會評斷自己的性格——這樣的說法是建立個人公關的高等技巧。

※說高興的事，表情要柔和，顯得很快樂，才能傳達你的感

而發愁時，卻因找到資金來源而雀躍萬分，完全忘了沒錢的痛苦。

Q　你透過這個運動的同好會，學到了什麼東西？

A⑦　第一是和人的相處之道及溝通能力。還有每個社員都各自擔任職務，分別完成任務的責任感，以及運動後愉悅的心情，當然，在體力上也有很大的收穫。

情。

⇩一定會提出的問題。A⑦的回答很平凡，如果能活潑一些，活力充沛，一定能博得考官的好感，爲你打上高分。

〈作戰方案〉如果在俱樂部或同好會從事運動，是相當有力的訴求重點，想起讓你哭、笑、痛苦及快樂的場面，說出自己從中得到的收穫。透過運動所學到的東西，和大學課堂上所學到的東西有些不同。在評分標準上運動的得分很高。能在社團活動之外自主性享受運動樂趣的人，也應積極強調這點。慢跑、游泳、業餘棒球都可以。以年輕人的開朗及充滿活力的身體爲訴求。

〔問題㊵〕你爲何沒有加入社團

A① 老實說，大一時我曾加入籃球，但練習很辛苦所以放棄了。

A② 二年級的夏天我加入了英語同好會，但因爲和其他成員有一點意見上的衝突，所以退出了。

＊　＊　＊

A③ 我也考慮過加入社團，但因爲想一人四處去旅行，如果加入社團會增加別人的困擾，所以未加入任何社團。

Q 你到了哪些地方旅行？

A④ 以國外來說，歐洲的時間最長大概待了半年，從哥本哈根、西德、巴黎、瑞士到西班牙，都有我的足跡。

＊　＊　＊

A⑤ 因爲没有想參加的社團，我的興趣也許有一點與衆不同，專心於蝴蝶的收集，有空的時間就去採蝴蝶。

Q 爲何被蝴蝶標本所吸引，請告訴我原因。

〔建　議〕

➡之後，會問你是否努力於體力的鍛鍊。

➡對自己不利的理由還是不說爲妙！

⇩爲何沒有加入社團，這點要提出積極性的理由。

⇩能說出到國外旅行學習到什麼，是最好不過了。外國和本國的不同，以及在國外所遇到的困難、快樂，配合著肢體語言熱切地說出。

⇩這種與衆不同的興趣，完全看你說法如何，說得高明，自然可以獲得高分。

A⑥　這得從我的童年說起……。

＊　＊　＊

A⑦　因爲我有自己想研究的主題。

Q　什麼樣的主題呢？

A⑧　我喜歡的是中國的歷史文化及書法。我探索漢字的根源，研究古代中國人的思想及生活方式，曾到中國大陸四次，今天也把研究成果的報告書帶來了。

A⑥要說得生動些，不妨把採集的標本帶去，讓對方明瞭，你會把這種熱忱用在工作上。

⇩說得很具體，很好。

〈**作戰方案**〉在學生生活中，社團活動尤其是最常被問到的問題。因此，未加入社團的人，一定要準備可以代替的東西來應付面試。爲何沒有參加，相對地你的精力貫注於什麼方面，要清楚地說出。A③、A⑤、A⑧都把自己的理由先確立了，很好，可以看出你如何成長。像A⑧這樣把研究報告呈交考官，證明自己的幹勁，會帶來好結果。不依靠社團，更可以讓考官瞭解你是個能獨立作業的人。

◇克服緊張的要領

面試完畢，十個受試者中大概有七、八個會這樣說：「我緊張得話都說不到一半。」非常懊惱的樣子。

面試時會緊張究竟是怎麼一回事，根據字典對「緊張」的解釋是：「血液往頭部聚集」或「頭昏腦脹」，也就是身體全體失去平衡，失去了平常心。

對未知的遭遇感到不安，鄉親父母們的期待，以及參加比賽壓力，使身體失去平衡。至於贏得比賽勝利的人，則多半會說：「我相信平日的練習。」以表現自信。

面試也是一樣，抱著「盡其在我」的滿足感，就能將心裏的緊張一掃而空，具備「我一定要進入這公司」的心態。

具體來說，拜訪前輩及研究公司對正式的面試助益極大。所謂「平日的準備最重要」，正是所言不虛。但這還靠不住，你必須先瞭解自己。

由於無法和考官做正面的接觸，因此，可以請學校就業輔導處的老師或和考官年齡相仿的人做一次「模擬面試」，這樣一來，應該就可以瞭解對方對事物的想法及看法了。

但是，更強有力的面試要領是保持一個健康的身體。如果身體的狀況良好，精神的狀況也不致於太差，面試時比較能表現得輕鬆自在。每日多少從事一點運動，對自己的身體健康絕對有好處。

總之，不要去意識自己的緊張，縱然緊張萬分，大可把本來的自己表現出來，這才是最自然的應對方式。

■情報③■

第四章 自然説明自己的日常生活

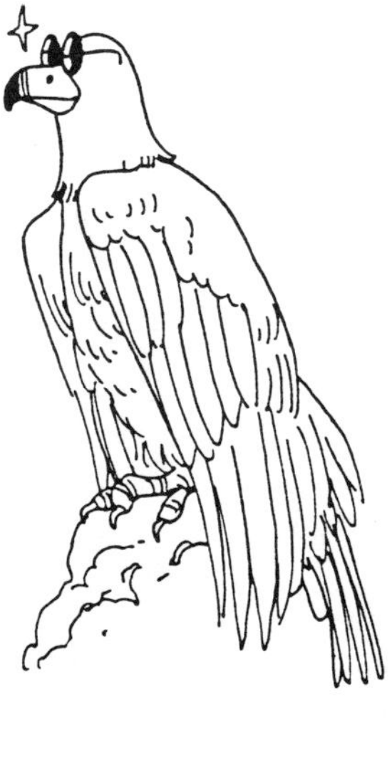

⊙說話的方式及小動作也能表現出日常生活的態度

1.坦白說出你的日常生活

你雖然能夠讓考官欣然接受，建立個人公關，也能明白表達自己的志願動機，但卻有骯髒的指甲，坐在椅子上姿勢也令人不敢恭維，大概就要從錄取名單中剔除了，因爲你的形象早已破壞無疑！從你的動作及服裝，考官對你的日常生活態度就可一目瞭然了。

據說，大偵探福爾摩斯一眼看到他的委託人，就能掌握對方的職業及心態，這並不是表示福爾摩斯具有超能力，而是從觀察委託人的動作及服裝中，也瞭解了對方日常生活的態度。

同樣地，考官可說是個經歷豐富的偵探，在他的面前，還是老老實實地把自己本身展現出來比較好，因爲一點虛僞矯飾而不被錄取的例子屢見不鮮。尤其是日常生活，因爲已經完全變成身體習慣的一部份，隨便矇騙對方也是不管用的。

2.日常生活必須嚴謹

日常生活可說是個人的「私生活」，一天如何安排，假期如何利用，有什麼樣的興趣，都和考官無關。但若是考官想瞭解這方面的事，你也不必拒絕回答。

從日常生活的一端來判斷受試者，這也是對方所運用的戰略之一。受試者只要「將計就計」，忠實呈現自己的平常面目即可。面試是考官和受試者兩人你來我往的對話場面，你要先有所認知，這是彼此探觸對方內心的場面，不必畏縮遲疑，但戰略卻是必要的，如何應戰，就看個人的事先準備功夫如何了。

在說明日常生活內容時，首先要以自己嚴謹、有計劃性的生活爲訴求。能規劃生活步調的人，進入企業後也一定能善於處理所負責的工作，可以立刻掌握企業的步調——這就是考官最容易接受的受試者。

本章的問題，主要的目的在於瞭解受試者的人品，因此，能表現出自己明朗、活力、誠實，自是成功在望。不要固執、坦率地介紹自己，讓考官感覺到你健康的日常生活。

〔問題㊶〕你日常生活中最注意的是什麼事？

A① 我一向注意不要浪費金錢這點。

A② 我重視的是保持挑戰精神，無論任何事，先全力以赴去做，再來論成敗，縱使有不好的結果，也不會後悔，我想這些經驗對我未來人生必有助益。

＊　＊　＊

A③ 對任何事情都保持興趣，想要延伸自己的觸角，拓展生活領域。

Q 能舉例說說看嗎？

A④ 每週一定要讀一本書，三大報及經濟性的報紙也一定要天天看，週刊、雜誌至少也會翻翻目錄。

Q 日常生活上的事及人際關係的情形如何？

A⑤ 是的，牙齒不太好，飯後一定要刷牙。

＊　＊　＊

〔建　議〕

⬇有點孩子氣的回答，雖然是談金錢方面的問題，更能表現你的生活方式。

※說出重視挑戰精神的理由更佳。

⬇答非所問，是令考官失望的答案。

A⑥　是的，與朋友交往時一定遵守約會的時間，提早五分鐘到達，彼此的約定也從不違背，經常站在對方的立場著想。

Q　那是經由什麼樣的體驗才有如此想法呢？

A⑦　是的，我曾在年末時到禮品店打工，因爲傳票上發生了錯誤……。

⇩這是令人感到誠實、謙虛、很有深度的回答，以經驗作爲後盾，不錯的戰略。

※這是得分的機會，說出具體而有說服力的話吧！

〈**作戰方案**〉沒有特別擺著架勢回答問題的必要。「爲了健康經常運動」、「與人交往儘量不增添麻煩」這些才是最有利的回答。不過，爲何特別重視某方面，必須清楚說明，因爲，由你的回答中，可以判斷你對事物的掌握方法。若能像A⑦這樣回答，會更具體，更有說服力。考官藉著這個問題，想要看出受試者每天如何安排自己的生活，是否有長遠的生涯規劃。

〔問題㊷〕說說你最近讀書的感想

A① 我隨意讀了很多書……。大致上和貴公司及貿易公司有關的書籍比較多，特別有印象的，對不起，書名記不起來了，我記得是貴公司的出版部所印行的。

A② 村上春樹的《有關羊的冒險》這本書很有趣，作者創造了一個獨特的世界，有一點科幻的味道……。

* * *

A③ 我讀過堺屋太一的《知價革命》，書中詳細預測了邁向二十一世紀多樣化、個性化時代的狀況，非常值得參考。

Q 哪一點值得參考呢？

A④ 企業社會的種種現象實在包羅萬象，現在業種之間的界限已逐漸被化除，多樣化起來，因此，業際性的企劃或新事業不斷出現，如此一來，從業人員就必須比以往更有溝通能力。

Q 其他方面呢？

〔建　議〕

⬇無法說出書名的話，想被錄取是毫無希望了，因爲會被認爲你平日讀書太少。

⬇由於讀後感未在腦海中經過一番整理，只是說了令人摸不著邊際的話，最好能說出此書如何有趣。

⇩整理過要點的答案，考官會覺得更想進一步問你書中的內容。

⇩把感想和企業社會的現狀結合起來，指出問題點後，接著說明上班族今後應有什麼樣的能力，能說到這地步，一定能獲得高分。

A⑤　是的，能對應變化的可塑性，或者掌握多樣性情報的感受性，將這些能力統合，考慮如何使公司發展，這種企業家精神也是必備的條件。

Q　讀得相當深入，那麼你想在什麼樣的工作中培養這些能力？

A⑥　首先我想要體驗各種場面，例如……。

※到此不要變得無話可說，需要更深一層的閱讀，才能使談話的內容更為充實。

※能說到這地步，錄取就大有希望了。

〈作戰方案〉小說或非小說類，無論閱讀哪一方面的書籍都是個人的自由，因為是在面試場面上，這點更要牢記在心裏。也就是說，以考官為對象，把面試當作溝通場所，對方不太關心的事自己先提出來說就不妥了。當然並不是為了受青睬，要求你也能寫一本商業方面的書，重要的是，無論哪一方面的書都要讀得深入些，能引起考官興趣的程度來描述書中的內容，說出自己的感想。如此一來，自然能說A③～A⑥的答案。

〔問題㊸〕你如何安排一天呢？

A①　每天的安排、利用並沒有特別固定的模式，早上大約都在十點左右起床……。

＊　＊　＊

A②　早上八點左右起床，到學校上課，上課結束，白天差不多就過去，最晚五點可以下課，但無論多晚我都會到社團教室去，回家都在七點左右，晚上則自習二小時，充實自己。

Q　你所謂的自習是什麼？

A③　主要是新聞的剪貼及整理，即使是經濟方面的報導，如果有用的話我也會剪起來貼在剪貼簿。最近S公司倒閉的新聞，以及B公司及C公司合併的事件，令我很感興趣。

＊　＊　＊

A④　最近因為四處求職很忙碌，經常到學校的就業輔導處及各企業走動，白天都花在這上面，由於學分都修滿了，不想去上課也無所謂，晚上則大半時間花在電視上。

〔建　議〕

⬇不要說這樣無關緊要的話，考官看了你懶散的生活方式，絕對會有不良印象。

⬇一天依照時間排列行程是小學生的做法，應有自己的安排。

⬇晚上時間都用來看電視似乎有一點浪費，不如這樣回答：「白天也許很忙碌，但晚上為了明天的公司訪問先做一些準備，使時間的利用更有意義。

A⑤　大三之前，我每天早上起床的時間都很晚，但七月開始決定每天七點半起床。中午之前準備學習英語會話，收集畢業論文的資料，晚上則擔任補習班的教師，回家約十點左右，洗澡之後立刻就寢。

⇩改正以往不良的習慣，早起是很好的起點，會被認爲你對即將成爲社會人已有所悟了。

＊　＊　＊

Q　早上早起有什麼好處？

A⑥　生活有規律起來……。

〈**作戰方案**〉每天生活有規律的人，進入公司後會被認定比較有適應力。相反地，漫無目標，懶懶散散過日子的人，考官會感到不安。A②、A③、A④是普遍性的答案。這個問題並不是以刷掉受試者爲目的。而是對可能會一起工作的人，證實一下其人品如何。談話的內容固然重要，但說話的態度及明朗度也需特別注意才是。

〔問題㊹〕你如何安排假期？

A① 起來得很晚，大致都在中午，接著是和朋友一起去玩，或是看看電視，休假就是要休養不是嗎？

A② 假期也應該讀些書，但不知爲何總是在不知不覺中懶懶散散地過完一天。

＊　＊　＊

A③ 因爲打工，假日幾乎都在工作中渡過，最近因爲準備論文，早上就到圖書館。

Q 你打什麼工？

A④ 在百貨公司的美食街賣甜不辣，時間是從早上九點半到晚上七點，因爲假日也工作，和普通人的生活作息不同，但就是因爲我們這群假日工作的人，大家才能到百貨公司買東西、散心。

＊　＊　＊

A⑤ 因爲家裏開店，我經常幫忙。尤其星期天，從中午到傍晚

〔建　議〕

⬇不要認定休假就是休養的日子，應努力於自我啓發，多充實自己內涵。

⬇這樣說法當然會有負面影響，應儘量避免，自己認爲不利的事不要說出來，找出對自己有利的話來說即可。

⬇不要說「我」，說「敝人」比較好。

這段時間客人最多。

Q　你以前常幫忙家裏的店嗎？

A⑥　是的，高中時還覺得害羞不好意思，但父親年齡已高……。為了表示孝心我會主動幫忙。

※最好能說明自己如何改變對父親工作的看法。

＊　＊　＊

A⑦　平常不能做的事，都可以利用假日來做，對我來說假日是最寶貴的時間，無論是運動、登山、打掃房間。做菜或寫信，都不會輕易浪費。

⇩從回答中可看出你的假日過得很有意義，不但有具體的材料，話也說得很起勁。

〈作戰方案〉也許你認為假日要如何利用是個人的自由，但是，從假日的利用方法，可以看出一個人的生活態度，既然如此，就應具有積極的態度，以善加利用假日訴求，建立個人公關。A③、A⑤的回答相當妥當，尤其是A⑥更佳。A⑦勉強可以拿到及格分數，應加入自己興趣來說，才回答問題的要領。假日如果像A①、A②這樣漫無計劃，很容易就虛度過去，希望你能努力於自我啓發，有效利用假日。

〔問題㊺〕你的興趣是……。

A① 大學入學開始愛上電影，一年大約要看二百部。最初是想成爲劇作家，我特別喜歡日本電影，最欣賞的導演當然是黑澤明，他的作品和別的導演不同……。

＊　＊　＊

A② 從中學開始我就熱衷於攝影，人家都說我與衆不同，專門指一些街上極爲平常的風景。

Q 你爲何對這些景物感興趣呢？

A③ 和藤原新也的《東京漂流記》有同樣的感覺，人們若無其事的表情、貓、狗、鳥、電線桿、古老的雜貨舖……等等，都是我的拍攝對象。

＊　＊　＊

A④ 並非一年裏從頭到尾都是如此，而是每年一、兩次花一個月的時間去旅行，一年級時到琉球渡假，也去過泰國、香港旅遊，最遠到過巴黎。

〔建　議〕

⇩爲何喜歡黑澤明？如果說出這點，會讓考官留下更深的印象。

※有獨特的興趣是很大的有利點。視說話方式如何能得分。

⬇如此回答，究竟哪一點感興趣考官並不知道。在受試者的想法裏，《東京漂流記》也許是衆所皆知的一本書，但對考官來說，他可能並未聽過、看過它。不要讓話題過份冷僻深奧了。

Q　爲何到琉球旅行呢？

A⑤　是的，老實說我一直都找便宜的旅館住，但那兒的每一個人都非常親切，殷勤地招待我，使我感到很愉快，體會了旅行的好處。

Q　都是獨自一人去旅行嗎？

A⑥　開始時都是獨自一人，但是後來認識了H大學的朋友，經常兩人結伴到遊玩。

⬇仍嫌不足，比方說自己疲勞或遇到困難，當地人如何親切、殷勤地對待你，應把具體的事實說出來。

〈**作戰方案**〉被問到興趣時，考官通常是想要瞭解你多麼熱衷，考核你造詣的深淺。因此，不要隨便在履歷表的興趣欄塡寫興趣，因爲如果沒有相當的研究，到時勢必會露出馬腳。受試者若是有任何擅長才藝，當然可以作爲訴求重點，但立刻像A③這樣回答，未免有自我陶醉之嫌，無法將自己對街景的偏愛傳達給考官知道。與衆不同的興趣的確容易被考官接受，但如何讓考官明瞭你對平凡興趣的熱愛，也很容易感動他。

〔問題㊻〕你最近有什麼感動的事？

A① 嗯，突然這樣問我；實在無法立刻回答。

＊　＊　＊

A② 我第一次看到馬拉松比賽，選手們疲勞表情及呼吸的劇烈起伏，充滿了鬥志，直接接觸到他們，令人非常感動。

Q 和看電視有何不同？

A③ 在現場看手心流著汗跟著緊張起來，一流跑者的身體沒有一點贅肉有如希臘雕像般的結實，是經過鍛鍊的體格，他們迅速的速度令人吃驚，一眨眼就從眼前跑過去了。

＊　＊　＊

A④ 是的，舉一個身邊的例子來說，有一天我和朋友兩人一起等電車時，有一位行動不方便老人上來，當我還在想：「這位老先生能夠自己上車嗎？」朋友已經拉著他的手上了電車。那時，對朋友這種不經意的行爲覺得感動，想到自己竟吝於伸出援手，不禁慚愧不已。

〔建　議〕

⬇沒有感動的人，進入企業後也無法發揮創造能力。

⇩列舉運動的例子很常見，但注意不要流於一般言論，這種程度的內容，如果能更熱切地表現出來，一定會有水準以上的評價。

⇩雖然是身邊的例子，但事先說得清楚可以看出經過充分的考慮。

Q　喔，你的朋友眞不錯。

＊　＊　＊

A⑤　杜思妥也夫斯基的《卡拉馬夫助兄弟》令我很感動，是大學時代的回憶之一。

Q　哪一點感動你呢？

A⑥　故事的龐大，出場人物的個性，人與人彼此之間的愛憎之情，無論哪一方面都非常成功。

⇩大概能進入錄取名單！

⬇列舉電影及小說的例子很多，但最好能說出出場人物的台詞一、兩句，和其他的情形有何不同，鮮明地描寫出來，這個例子缺乏具體性。

〈**作戰方案**〉對某件事感動的心情是非常率直的感情，這個問題可以看出你的純粹性及感受性。如果沒有任何感動你的事，表示你並未享受每天的生活，也會被認爲是個不懂生活情趣的人，因小蟲的動作而感動，因一張落葉而心中雀躍，有這樣易感的心靈，則路邊的石頭也能成爲感動的對象。像A③、A④這樣能具體說出實例，考官也會想像那場面，留下好印象。

〔問題㊼〕最近是否動怒過？

A① 不，沒有特別令人生氣的事，我經常保持冷靜，不輕易動怒。

＊　＊　＊

A② 最令我生氣的還是政府的課稅制度。

Q 你何時感到稅負太重了？

A③ 車子分期付款每個月要付一萬元，再加上車輛牌照稅，我覺得實在是很重負擔。

＊　＊　＊

A④ 老實說，我曾經在漢堡店打工，但卻突然莫名其妙地被開革了，因為正式職員要加入，我們這批打工的學生就全部得走路了。

Q 不是你自己有問題嗎？

A⑤ 不，我是無辜的，完全是老闆自私才被開革，他們畢竟只是把打工的人用來應付沒有人的場面而已。

〔建　議〕

➡考官對「沒有霸氣」或「沒有魄力」的受試者是不易接受的。

※批評政府的各項政策時，事先要有充分的研究，否則會表露你知識的膚淺。哪一點不好？應如何改善？最好能說出自己的意見。

➡都是單純的生氣，自己是否有什麼失意的地方，希望能表現出謙虛的態度，否則，只是

Q　你從那些體驗中學到什麼？

A⑥　老闆的不可靠及社會的冷漠。

＊　　＊　　＊

A⑦　並不是什麼大不了的事，和女朋友相約見面，她卻慢了三十分鐘才來，並且她露出一副很理所當然的表情，請她喝咖啡也覺得應該的，我心裏實在希望她能說聲「對不起」或「謝謝你」。

一種幼稚行爲，無法獲得人的成長。

⇩表現出年輕人的氣息，很不錯。但要提出這樣的話題時，要在感覺考官給你相當好的評價時才能一談，否則會招致反效果。

〈**作戰方案**〉感動的同時，不要忘記憤怒的心情。憤怒之後會變成一股精力，有時會令人劇烈奮起。最近的學生都比較保守，像A①這樣什麼事都不輕易動怒，因此，對這個問題積極地說出自己的意見。不過，憤怒不要變成自私，只從自己的立場來看事情，畢竟，只能引導出像A⑥這樣的結論。應該如何改善才好？把自己的想法整理一番，只是一味生氣的話，無法有更積極的性格。

〔問題㊽〕最近你對什麼新聞感興趣？

A①　一星期前，有一則照顧老人義工團體的報導登在報上，在這個高齡化的社會，它是一項不容忽視的問題，十分重要。

Q　說說看你對獨居老人問題的看法？

A②　基本上是應該由兒女來照顧，但我認爲義工們的奉獻活動非常重要。看了新聞之後，我也想問問對方是不是能幫忙，最後捐了一點錢。

Q　喔！令人佩服。

＊　＊　＊

A③　關於D公司的破產事件……。

Q　你從這事件得到什麼啓示？

A④　是的，我認爲企業的高階層人士必須堅持這個想法，以及先見之明。把將來的市場動向看得透徹的話，就不會像這次落入很可怕的陷阱。

Q　那麼，你認爲那樣的教訓要如何適用於本公司？

〔建　議〕

※社會性的事件通常有很多樣性的看法，但以自己的看法來建立公關也不是不可能。

※不僅傳播媒體的見解而已，也要說自己的意見。

⇩提及經濟事件時，話題會活絡起來，考官多半是目前公司的幹部，受試者應有充分的準備。

A⑤　我還不知道應如何做，總之，現在所說的事我只是想全力以赴投入工作。

Q　銀行對D公司不再支援，你的看法如何？

A⑥　喔，我認爲這是不得已的事，銀行對無法重建的企業無法融資。

➡略嫌困難的問題，但是如果對企業研究夠充分的話，一定能回答得很有內容。這種程度的問題都無法回答，會被認爲研究不力。

〈作戰方案〉受試者具有怎樣的敏感度，從新聞引出問題點，考官便由此問題來考核受試者，是否有自己的看法。但是一個新聞事件，看法因人而異，即使突然有靈感說得滔滔不絕，如果再進一步被追問的話，就無法回答下去，這是常有的情形，應特別注意。也就是說，平日若是未具備問題意識，才會出現困窘之境。對問題如何掌握、如何思考，進入企業後，在各種場面上都會受到考驗。這個問題是要瞭解你是否具有企業人的資質。

◇遇到無法回答的難題時的應付方法

面試時，經常會陷入尷尬的氣氛。例如被問得更深入不知如何回答，或是未切中要點，使得場面變得無趣，甚至對方說了令自己生氣的話……等等，和考官的談話無法接續下去時，該如何是好呢？

不要輕易死了心，在這裏就放棄的話，一切的努力就要化為泡影了，重新振作精神，希望你要表現出扭轉乾坤、轉禍為福的氣概。進入某電機公司的A曾說：

「我覺得自己在面談時說得非常順暢，但突然有位考官問我：『你說話好像是聽別人說過的話再說一遍。』我自認為那是自己的意見，因此受到甚大的打擊，但是，我立刻說：『對不起，是我研究不足。』道歉之後再找新的話題來說。總之剎那間陷入僵局時，不必太在意，繼續說下去，才有可能反敗為勝，獲得錄取。」

■情報④■

面試時的一項鐵則，即當話題中斷時，應由受試者這邊重新開啓，若必須由考官的催促才說話，整個談話過程便會陷入窘境。你應找出突破瓶頸的方法。一旦表現出這樣的態度，考官也會樂於協助你。

萬一，有所爭執時又怎麼辦呢？你的心情也許能因此發洩一番，但卻破壞了考官對你的印象，也使得學校及學長好不容易所建立起來的名聲，毀於一旦。

即使考官說了讓你生氣不已的話，也要再三忍受，如果覺得已沒有進入該公司的意願，最重要的要領便是整理話題，儘早結束面試。

總之，遇到僵局時先做一個深呼吸，重新調整自己心情，反而可以由我們這邊積極地發起，如果直到最後都能以誠實的態度來面對，逆轉局勢的機會並不難掌握。

第五章

表現出貫徹工作的熱忱及態度

⊙分析自己的性格、性向，明確說出自己的希望職種

1.只要有幹勁，任何工作都可以做得不輸給別人

考慮職業種類時，首先應想想自己想做什麼？自己性格類型適合什麼樣的工作？前者或許因人而異，後者一般來說，內向而神經質的人比較適合事務方面的工作；而外向、明朗，愛說話的人，則比較適合業務方面的工作。不過，這種判定方式只是一個標準而已，並不是絕對的。

這項標準當然應在某種程度上受到尊重，但也不必因此扭曲自己的希望而進行性向判斷，在此之前，你應先具備對自己所希望從事職種的熱忱。

若是無法從自己的內心湧出熱忱，還是聽聽別人的意見比較妥當。如果對工作具有熱忱，就應貫徹自己的意志，以自己的誠意向考官訴求。表現出幹勁時，一定會受到考官的青睞，相信你無論從事什麼工作都能不輸於人。

2.說出自己在什麼方面很擅長、活躍

無論是學業、事務、企劃或編輯等方面，職種不同，工作內容也大不相同。如果希望從事業務工作，那麼成為業務人員之後，某種商品在某個地方要用什麼方法賣出去，事先要具

備一、兩項自己獨特的營業戰略。擔任事務工作的話，要如何使辦公效率化，以何種創意來實踐？企劃工作方面，又將如何舉辦活動來推展企業的商品？都是你應答時必備的答案。

任何企業都想尋找還未染上社會風氣及業界習慣的人才，且希望所拔擢的人才能具有彈性的思考，如果你能迎合這樣的期待，提出嶄新的提案，評價一定能大大提高。

3.具備想嚐試任何事情的挑戰精神

雖然面試時考官會問你所希望的職種，但一開始就決定派給你某項工作的企業非常多，要分派到哪一部門，是由企業來決定。考官最常有的說法是：「我們公司希望新人能有更多的工作經驗。」

答案只有一個，那就是「我任何事情都想嚐試一下」，如果公司派給你的工作無法做好，你本身的意願當然也不會被接受。

如果你能由工作中開發自己的能力，自然地，前面會有你所想做的工作在等著！

〔問題㊾〕你的希望職種是什麼？

A① 我沒有特別想要什麼工作，只想對被賦予的工作全力以赴。

*　*　*

A② 我希望從事事務工作。

Q 本公司主要是徵求業務方面的人才。

A③ 業務方面有一點……。我自認爲比較適合桌上工作。

Q 爲什麼認爲自己比較適合桌上工作？

A④ 因爲我的性格是按步就班的類型，朋友們都說我不適合業務工作。

Q 你沒有向自己的可能性挑戰的意思嗎？

A⑤ 但我想自己一定沒有辦法提高業績。

Q 你說自己比較適合事務工作，但是這也必須具備折衝能力，無論對來往公司或公司各部門，都需要有適度的溝通、協調，只是按步就班的性格，恐怕無法勝任。

*　*　*

〔建　議〕

➡消極的回答方式很不利，事先應決定好希望職種。

➡現代是一個重視行銷的時代，因此業務工作的重要度也相對增加，徹底厭惡業務工作的態度，會給考官壞印象。

➡因爲內向就認定自己適合事務工作，未免過早，你應具備進取心，進入公司想儘量發揮自己的可能性，一開始就放棄是無法被錄取的。

A⑥　我希望擔任營業人員，我的個性一向是喜歡動身體甚於動腦，不管什麼事情都想去體驗一番，而且我很喜歡和人交談。

Q　你想在營業人員的工作上如何發揮？

A⑦　是的，我想銷售本公司的商品，成爲第一流的銷售人員。

Q　銷售人員的確需要有行動力，但只是這樣還不夠。你覺得其他什麼比較重要呢？

A⑧　這個問題……。

※認爲自己喜歡行動所以適合營業工作，一旦陷入這種思考模式，就有偏頗的可能。在商品不易銷售出去的時代，預備如何擔任營業的角色，這點絕對有必要提及。

※希望你能多下一點功夫做企業研究，並不是只需全力以赴就能賣出商品。

⬇由於自我分析不夠充分，遇到這樣的問題，當然爲之語塞了。

〈作戰方案〉面試時考官通常會問你：「進公司後想在哪一方面有所發揮？」像A②這樣希望從事事務工作的人，只從性格面來決定希望職種，失之單純。應對志願企業的工作內容充分瞭解後，極力陳說自己對企業的幫助。以業務工作來說，特別重視行動力及精力並作爲訴求的受試者甚多，但考官是以綜合性的立場來看受試者，有彈性的思考的人，做任何事情都不致生太大的偏差。總之，說出自己想要如何努力於工作才是最重要的訴求重點，把你的意願直接傳達給考官吧！

〔問題㊿〕你希望到什麼地方服務？

A① 因爲我住在H市，所以希望能到H市的總公司服務。在陌生的土地上，我没有自信能做得很好。

＊　＊　＊

A② 開始時聽說要到分公司上班，可以的話，希望能在可從自宅通勤的範圍内上班。

Q 派你到P市及G市不好嗎？

A③ 嗯，有點不方便，因爲我的父母常生病……。

Q 我們是以「無論分派到任何分公司都可以」爲原則，先讓你進入公司，然後再調查你的意願。

A④ 我明白。我希望能在H市工作。

＊　＊　＊

A⑤ 公司在全國有二十個以上的分公司及營業所，我被派到什麼地方都無所謂，剛開始即使被派到最小的公司，也會全力以赴的。

〔建　議〕

➡如果說出具有說服力的理由，也許能讓你在可從自宅通勤的範圍内上班，但A①的理由實在不成理由。

➡要知道，面試時回答「不管哪一個部門我都願意去」的人很多，他們會成爲你的勁敵，過份拘泥於服務地點會帶來不利。

⇩有一點令人覺得肉麻的台詞，但考官絕對不會有壞印象。

A⑥　我聽說進公司的頭幾年要到分公司服務，我沒有特別希望去的地方，我認爲每一個地方都有它的好處，趁著年輕多吸收，以便作爲將來的參考。

■被問到國外服務的意願時

Q　派你到國外服務如何？

A⑦　我不太想去第三世界的國家……。如果要去的話，希望能到歐洲、北美比較好。

＊　＊　＊

A⑧　你說想到非洲去，理由是……。

⇩近來，貿易公司職員都不喜歡到治安不良、文化水準低的第三世界工作，但年輕人應打破窠臼，表現自己的幹勁才是。

〈**作戰方案**〉每個大企業通常都會有數十個分公司、營業所及工廠分佈在全國，到地方服務是很常見的情形，但過了幾年後就會回到本公司，因此企業也在某種程度上考慮了本人的意願。這個問題與其說要詢問本人想去的服務地點，不如說是考驗本人的幹勁。A①、A②的回答方式會被懷疑幹勁自不待言。如果眞有一闖天下的大志，就應像A⑤、A⑥這樣應答。國外服務的情形也是一樣，如果像A⑦這樣，不限制自己的好奇心，才能勇於接受磨練。

〔問題㊿〕你對接待的工作有沒有信心？

A①我不習慣接觸陌生人，所以對接待的工作不甚有信心，與其要我站在和顧客直接接觸的前線，不如讓我在後方支援，才比較適合我的性格。

Q　不過，我們希望你能有各種工作經驗，然後再判斷你的性向。

A②　如果是這樣，我倒想試試看。

＊　＊　＊

A③　我沒有經驗不知能否勝任，但我會跟著前輩學習，儘早熟悉工作。

A④　服務業還是必須和顧客接觸才能瞭解工作的意義，因此，我雖然沒有信心，但在和客人接觸中……。

＊　＊　＊

A⑤　是的，有自信。

Q　你如何能這樣有自信地說出呢？

〔建　議〕

⬇瞭解自己的性格是不錯，但性格畢竟需有融通性，缺少這種柔軟的思考，像A②這樣意願不夠強烈的話，當然不會有好分數。判斷性向的工作還是要企業來做，這點要好好謹記在心裏。

⇩雖無自信，但錄取與否仍要看你的說法如何而定。

⇩依照自己的分析而想要從事接待的工作，這點很好。

⇩對方發問「對這方面有沒有自信時」，應趁機會建立個人公關。

A⑥　大二夏天開始，我在百貨公司的運動用品賣場打工了一年半，剛開始這種和顧客打交道的工作感到很害羞，但沒多久就習慣了，多的時候一天曾有一萬元的業績。

Q　你有沒有特別的秘訣？

A⑦　我不會什麼甜言蜜語，只是讓對方有安心感，營造出想購買的氣氛，這樣努力罷了。

⇩站在顧客的立場來從事工作，這樣的心態作爲一個社會人特別需要。

〈**作戰方案**〉服務業、流通業、金融業等和顧客直接接觸的職業，接待、應對是最基本的工作，若是像A①這樣一開始就畏縮不前，企業當然不可能錄用你。以學生時代的打工經驗爲訴求，像A⑥這樣回答是一種老套的手段。如果眞正打過工，像A⑦這樣回答會更好。A③、A④也是可能被錄取的回答方式。總之，縱使對問題感到很棘手，具備勇敢挑戰的態度卻是不可或缺的。〔問題⑮⑯⑰〕

〔問題52〕說說你對加班的看法。

A① 如果可以的話，我儘量不加班，但工作做不完也是不得已的事。如果加班在二小時以內我大概可以接受。

＊　＊　＊

A② 公司每天有一定的工作份量，我想有其標準，如果無法做完，加班當然是不得已的，但是白天工作時懶懶散散把該做的工作留到加班時才做，就太不應該了。

A③ 爲了增加收入，大家都拼命在工作，因此多多少少要求加班也是理所當然，我卻希望因爲工作有趣才工作。

＊　＊　＊

A④ 聽說工作非常困難，爲了儘早熟悉工作，即使天天加班，我也會全力以赴。

Q 你的氣魄我很欣賞，但體力方面沒問題嗎?

A⑤ 是的，沒問題!雖然身材有點瘦，但我每個星期都用游泳來鍛鍊身體。

〔建　議〕

➡從另一個角度來看加班。消極的想法永遠無法提高本人的力量，應以更積極的態度思考。

⇩指出「不必要的加班」，是極佳的觀點。

⇩優等生的回答。企業家精神很旺盛，這點很好。

※像這樣好像要鞠躬盡瘁的態度，把你的氣魄展現在考官面前。

■被問到「有約會也要加班嗎？」時

Q　如果有約會怎麼辦？
A⑥　儘量不要加班最好，但約會三、四天前就加快處理工作的速度。
Q　工作突然進來怎麼辦？
A⑦　（微笑）實在很希望有人來代替，但這也是不得已。

⇩常被問到的問題，像A⑥這樣應答只是迴避問題，但像A⑦這樣回答，可以表示你克服了這難關。

〈作戰方案〉最近的新進職員不願加班的傾向很強，將工作和自己的生活分清楚雖好，但是，那是在把工作做得很完善之後，才能達到這種應付自如的境界。把工作放在一邊也許有贊成與否定兩種論調，但是在這裏像A⑥、A⑦這樣回答會比較安全。對加班看法如何，會對你產生正面或負面的影響。像A③這樣將加班視爲自己本身成長的能源，即使不願意的事，改變一下的想法，也能從中獲得樂趣。

〔問題53〕本公司的工作中有必須到外面出差

A① 到外面出差的工作，是不是很辛苦呢？

Q 並不輕鬆。但你的學長都做得到，你如何？

A② 有沒有標準呢？

Q 開始時沒有，習慣後會決定一定的標準。

A③ 是一人做還是幾個人一起做？

Q 有時一組人去，但基本上是一個人。是否要自己去找的顧客，自行決定即可。

A④ 嗯……。我想試試看。

＊　＊　＊

A⑤ 我自認爲遲早會從事銷售戰略及企劃方面的工作，爲了達成目標，我想應該在營業的最前線去瞭解工作。我想從事的工作是，想出一個企劃時，能在實際工作實現理想。

＊　＊　＊

A⑥ 我認爲磨損鞋底，四處走動的銷售工作，是一種「男人的

〔建　議〕

➡反問好幾次，但考官會認爲你靠不住。對這樣的問題，要直截了當地表現男子氣概，不怕挑戰，會比較有利。

➡一提到業務就以爲是自己找顧客，這種想法過於陳腐，事先應充分調查，鎖定可能性較高的顧客，這才是工作的程序。

➡縱然是外勤的工作不是自己的本意，也必須有這程度的回答。

冒險」，工作非常有意義，無論如何都想一試。

Q　你愛上銷售人員的哪一點？

A⑦　因爲實力直接和成績發生一定的關聯。

Q　只是金錢方面而已呢？

A⑧　不，也就是說，和顧客訂定契約最興奮了，經過好幾次的拜訪，商品終於推銷出去，此時會對他們感激萬分。

⬇對於銷售的想法尚未整理清楚，對自己所希望的工作有所瞭解後再去面試比較好。

〈作戰方案〉業務工作有各種類型，銷售一向似乎都給人一種四處拜訪、走到腳不能動爲止的印象。但事實上，這項工作需有效率，也需有一眼看穿顧客是否會購買的眼力，而且，也必須依照對方的類型來改變對應之道，產生彈性的方策。一般而言，不爲事物所動、充滿精力、積極向上的人比較適合從事銷售工作，但只是具備這些條件，並不見得一定會被錄用，而是要在親身接待顧客中發掘生活意義，不做到此地步，是無法成爲好的銷售人員的。

〔質問54〕你認為企劃是個什麼樣的工作？

A① 在從事營業活動時擬定工作計劃，是不是這樣？

＊　＊　＊

A② 在今天這麼艱難的經營環境中，不再像高度成長期一樣，只要努力就能使業績成長，這是時代的趨向。在有限的資金、人才及其他的資源之下，究竟應如何充分活用，應先有計劃，我想企劃的工作，便是情報的收集、整理、分析，並提供創意，擔任「經營的舵手」這樣的角色。

＊　＊　＊

Q 希望進入企劃部的人非常多，但你認為企劃這工作必須具備什麼能力？

A③ 一提到企劃以為都是桌上工作，但今後的時代，企劃人員被要求具有行動力，隨時都能到任何地方，像新聞記者這種類型的人比較適合。

Q 你自己本身也有這樣條件嗎？

〔建議〕

⬇A①的回答還不夠，希望能說明到A②的程度。

※很多受試者都輕鬆地說想從事企劃、開發部門的工作，但是要做哪些事情卻沒有一個起碼的概念。

⇩列舉好奇心及情報收集能力等條件雖好，但若能指出自己擅長的能力，讓考官相信你足以勝任會更佳。

A④　是的，我自認為有。

＊　＊　＊

A⑤　我在校慶時曾擔任執行委員，負責舉辦各種儀式，從企劃到執行都親自參與，那時的工作並不是只在桌上動腦思考就行了，而是必須打電話連絡事情，到處找人磋商細節，它的成分以行動居多，我感到企劃這工作是需要體力作為後盾的工作。

Q　企劃的創意如何取得呢？

A⑥　平日我看適合年輕人的雜誌，從中收集最新的流行資訊。

⬇只是「我認為大概有」的想法，真否具備了卻不知道，在考官問你：「從哪一方面可以証明你的能力？」之前，就應先以實例來證明自己的能力。

※問到你日常的情報收集活動，只要平日情報網路打開得夠廣泛，就不怕答不上來了。

〈**作戰方案**〉企劃是相當受到歡迎的職種。一個企劃的好壞，常會關係企業的成敗。要磨練自己的企劃能力，必須在豐富的情報及綿密的計劃下付諸實行，其中，情報收集尤其成為焦點。沒有情報來源，就無法擬定企劃，情報收集得不夠充分，更可能誤導企劃方向，使企業發生損失。A③、A⑤都是必備的能力。回答A④時，能像A⑤這樣深入話題的話，會更有具體性，考官也更能接受。只是因為社會上的風氣才希望從事企劃工作，絕對無法說服對方接納你，這點要注意。

〔問題55〕你認爲營業人員最重要的是什麼？

A① 我認爲行動力很重要，但像現在這樣的社會，能透視種種社會判斷力也非常重要。

＊　＊　＊

A② 也許應有各種條件，但是，我認爲資料收集能力最重要。

Q 爲何這樣認爲呢？

A③ 運動競賽時也是如此，必須收集資料加以分析，研究對手的弱點，如此才能克敵致勝。營業這工作，也是要收集顧客、市場、勁敵公司的資料，演練戰略，才能從容應戰！

＊　＊　＊

A④ 嗯，我想是誠意。

Q 你認爲只靠誠意就賣出商品嗎？

A⑤ 不，我不認爲只誠意就能賣出商品，但是，最後的局面還是要誠意來帶動才行，至少我個人想要以這樣的心態去從事營業工作。

〔建　議〕

※以懷著自信的語氣說：「我認爲判斷力最重要。」會更有力。和考官的意見不同也不必在意，最重要的是，清楚表達自己意見的態度。

⬇習慣面試的場面之後，受試者往往在不知不覺中說出「嗯」。考官雖沒有什麼，但在他微笑的背後也許正在扣你的分數，不要忘記！

A⑥　一旦決定自己努力的目標，就應堅持到最後一刻，這種意志力及韌性我認爲很重要。

＊　＊　＊

Q　你覺得自己有這樣的韌性嗎？

A⑦　是的。

Q　以往你在什麼樣的局面中發揮了韌性呢？

A⑧　考試時，我一定用功到最後的一分一秒，所以成績屢有進步。

⇩從這開始是勝敗的關鍵，回顧自己的學生時代來訴求自己的韌性。像這種確實能獲得分數的機會，要抓住機會增加自己的得分。

〈作戰方案〉對營業應具備何種資質的看法，可說因人而異。大多數的人大概會像A①、A②、A④、A⑥這樣回答。這並不代表哪一個回答最好，重要的是，爲何把這資質作爲重要的條件而列舉出來，自己是否具備了這樣的能力。A③是攻擊性的意見，但令人感到你的鬥志昂揚。A⑤反而令人感到溫和，考官會產生好感。A⑧以運動及讀書爲具體例子，再加上說話的份量，一定能被錄取。總之，考官感覺「這人使營業成績成長」來建立個人公關爲要領。

〔問題56〕你認爲製造廠的事務職是什麼樣的工作？

A① 總務、會計、人事等營業職以外的桌上工作，對嗎？

Q 没錯，但你認爲這些工作對製造廠有何意義？

A② 所謂「公司的門面」，以製造廠來說，指的就是其所生產的商品，我認爲它是擔任幕後英雄角色的工作。

＊　＊　＊

A③ 像貴公司這樣的汽車製造廠，無論如何招牌就是車子。因此從事事務工作的職員，角色任務便是創造出一個容易銷售的環境，是的？同時，要讓技術部門更安於工作、更有效率

Q。你對創造環境這工作想如何貢獻己力呢？

A④ 我希望能到企劃、宣傳部門從事提昇汽車形象的工作。

Q 如果委任你來做這項工作，你將如何推銷我們的產品？

A⑤ 我没有考慮到這點，所以……。

＊　＊　＊

〔建　議〕

⬇A①的回答太理所當然，考官並不是在問你對這個職位的定義，而是問你對這工作的看法，要正確掌握考官發問的意圖，不要完全不答。

⇩對製造廠事務職的立場掌握得很好。

⬇爲何喜愛企劃、宣傳部門的工作，如果能說明這點更好。

A⑥　製造廠的工作，必須站在管理許多工廠勞動者的立場，如何使大家能心情愉快地從事工作，是一個很重要的問題。必須積極推動「服務品質」的觀念……。

Q　你再說明一下QC活動。

A⑦　它是一種「品質管理」，也就是……。

※自己說出來的商業用語，一定要能做進一步的說明才好。如果犯了A⑦這樣的錯誤，會有致命性的後果。

〈作戰方案〉一提到一般事務職，尤其是製造廠方面，許多人對於要擔任何種角色都不太有概念。甚至只是嚮往大電機製造廠、汽車製造廠的環境。以這樣的心情去應試，一定會遇到嚴重的挫折。像A③、A⑥的回答是一般性的。也就是生產的技術部門，以及銷售產品的營業部門都需要事務部門的協助，使全體工作能夠順利推展，使它有一定的步調，站在這立場而工作。先瞭解這點再去應答，才能增加成功的把握。如果以人體來比，事務工作就像一個人的血液一般！

〔問題㊼〕你對貿易公司職員有何印象？

A① 是精力充沛的營業人員，擅長語言，到世界各處出差……。

Q 你從什麼地方得到這種印象？

A② 什麼地方……，連續劇及電影吧。

A③ 從事石油、鋼鐵、飛機等非常巨額的交易，給人有「經濟先鋒」的印象，前天見到母校的學長，特別請教了他，果然他一年中有二個月必須到國外出差……。

＊　＊　＊

A④ 山崎豐子的《不毛地帶》所出現的叫做壹岐的人物，是我對貿易公司職員的第一印象。

Q 那麼，你對貿易公司職員的印象是不好囉？

A⑤ 並不是那表面性故事的問題，貿易公司從業人員個人的工作可能會動搖國家的基礎，如此艱鉅責任令我感動，因此我想從事這樣大規模的事業。

〔建　議〕

⬇直截了當說出印象會被認爲「他並未深入思考」，令人有如此感覺就不妙了！

⬇不要在記憶模糊的情況下回答。

※把洛克西德事件及道克拉斯事件等有關貿易公司的事件整理一番，說出自己的意見。

※考官有時會故意從反面來問你對貿易公司職業的印象，把重點放在公司所具有的規模上，這點很不錯。又和貿易公司的交易額相比，利益較少的業

A⑥　我讀過Y公司的《貿易公司的二十四小時》及Z公司的《時間就是金錢》，其中最令我佩服的是，貿易公司所具有的國際情報網，以及在最前線工作的貿易公司從業人員的精力。

＊　＊　＊

Q　你再稍微把如何感動的情形具體說明一下。

A⑦　是的，比方說到非洲從事新商品的推廣，這種先見之明，以及對消費者需求的瞭解，已經超越別人。

種，不僅風光的一面，也要提到基礎的部門。

⬇如何有精力，讀了文章自己如何感動，希望你能更有條理地陳述。

〈作戰方案〉一般提到貿易公司職員的問題，都會有像A①這樣的印象，但僅止於此的話，並無法被錄取，需加上能證實你說法的根據。在這方面，A④、A⑥就是以自己本身對貿易公司職員所具有的印象，作爲根據來作答，更有說服力。A⑤、A⑦則看你的說法是否高明而決定錄取與否。像A③這樣，能借用學長的話來說明對貿易公司職員的印象，是再好不過了。和這個問題相關的，也可能問到貿易公司的機能及角色，如果你希望進入貿易公司一展長才，就應先徹底研究之後再去應試！

〔問題58〕銀行的工作內容非常多樣化……

A①　我的瞭解是，銀行和證券公司的界限已逐漸被打破了，國際業務則增加了。

＊　＊　＊

A②　自一九八四年開始辦理債券的買賣、交易業務，銀行陸續也增加了證券業務、代理業務。

Q　你不知道銀行也從事公債的窗口銷售嗎？

A③　喔，我忘了！一九八三年開始實施新銀行法，我想起來了。

Q　你能否說明一下銀行的固有業務？

A④　存款、放款及票據等三項。尤其票據方面已經進展到電腦化作業，還有所謂「家庭銀行」，在家裏或公司就能交換情報，支付款項。

Q　你在進展趨向機械化的銀行中，想證明自己哪一方面的能力？

〔建　議〕

⬇銀行是受人歡迎的業界。「根據我的瞭解」這種說法根本沒有希望被錄取。也許這樣說可以表現你誠實的人品，但一旦暴露了研究不足的缺點，一開始就被剔除於名單之外。

⬇像A②、A③這樣把正確的年月也說出來，可以看出你研究的用心，會給考官好印象。

※在高度資訊化社會之下，銀行應有的態度也是一大主題。

A⑤　銀行業務進行電腦化，情報量會更增加。所謂情報，被認爲是今後銀行的一大支柱，我想朝這方向努力將自己的力量貢獻給銀行界。

*　*　*

A⑥　我認爲今後是金融國際化的時代，銀行業也會有國際化的趨勢，且不斷產生許多變化？

Q　你自己呢？

A⑦　是的，因爲銀行從事的是國際化時代的工作，所以我才希望進此一業界。

⬇情報不是往往就被視爲一大支柱嗎？如精通情報，必須在此具體說出。

⬇怎樣的工作？如果只是對「國際化」這名詞的憧憬，絕對行不通。

〈**作戰方案**〉目前，銀行所從事的工作有本業的存款、放款、票據交換及其他的附帶業務。除此之外，個人存款者的貴重物品（股票、存單）的保管、債務保證、公債的銷售代理，也都是銀行的業務範圍。在面試前應充分瞭解，好好在腦中整理一番。又如，電腦化、國際化所帶來的角色、工作等等，考官會問到的可能性極高，應事先調查動向。A①的回答看來略嫌不足，但A②、A③、A④、A⑥的回答則尚稱中肯⬇參照（問題⑨⑥③⑥④）。

〔問題㊾〕你認為公司中的總務擔任了什麼樣的角色？

A① 我想是掌握公司全體的工作。

＊　＊　＊

A② 透過福利來支援公司的人員，擔任幕後英雄的角色，從廣義來說，也負責人事及宣傳的職務，可以說是公司的櫃檯小姐，也可以說是公司的智囊，我覺得好像角色十分複雜的樣子。

■如果發言錯誤時……

Q 你所說的櫃檯小姐我可以瞭解，但你說智囊究竟怎麼解釋？

A③ 因為從人事制度及組織改革的變更來說，總務這工作擔任決策而帶動整個公司。

Q 這些工作我們公司都是由董事會來決定。

A④ 也許我的比喻不太恰當，總務可以說是在公司負責雜事的

〔建　議〕

⬇至少能說到A②的程度才好。

※總務的工作，有公司的運作，不動產的登記、契約及文書管理、什器備品的購入等，範圍非常廣泛。

⇩自己以為比喻得很好，但從專家的眼光來看，會被認為不太恰當，不要過份自我陶醉。

※細部的差異不必過於拘泥，把話拉回正題比較能有好的表

，瑣碎的工作最後都會交給總務去做，我的學長這樣告訴我。

Q　你的學長還對總務這工作說了什麼？

A⑤　他們是在舞台後面打點事情負責道具的人。

Q　你認爲負責雜事就可以了嗎？

A⑥　我在大學時代曾擔任輕音樂同好會的會長，除了要找公演會場，還必須一手包辦雜事，當時，我確信組織是否能順利活動，全取決於雜物是否能整理得很完整。

現。

➡找學長獲得一些情報，先掌握工作內容，能令人感覺你的熱忱。

➡這是好的例子。以同伴之間的練習及準備的過程中所學到的東西爲訴求。

〈作戰方案〉一開始就想從事總務的工作也許會被認爲是消極，但像A④～A⑥這樣，對自己的個性很確定，考官也會欣然接受。因爲「性格內向」、「桌上工作比營業更適合」等想法而選擇總務雖令人佩服，但事實上，性向調查只是一種參考，選擇工作並不能由第三者的要因來決定，應重視由自己本身湧出的信心，也就是像A⑥這樣，必須具有成爲一流總務人員的氣概。

〔問題⑥⓪〕你希望職種欄寫的是宣傳？

A①　是的，如果對貴公司的音響銷售有所幫助，將是我的榮幸。

Q　你認爲本公司的商業廣告做得如何？

A②　據我的瞭解，你們起用了演藝界的丁先生爲廣告模特兒，他的形象和公司產品的高雅設計相當吻合，非常具有廣告效果，還有是M樂團的音樂，我很喜歡，如果讓我批評的話，從商業廣告本身全體看來，似乎規模太小了。

Q　你認爲應如何改善？

A③　是的，開始時有一點雜亂，把前面的會話部份縮短，以強力的吸引力來代替更佳……

＊　＊　＊

A④　宣傳這工作，是以企業的產品及形象向外訴求，從我的性格來說，非常適合。

Q　你是什麼樣的性格呢？

〔建　議〕

➡回答要多用「是的」才好。

※這個問題的回答有要點，把事前想過的改善方案具體地說出來。

A⑤　外向型的。朋友常說：「你是個愛湊熱鬧的人！」

Q　這和宣傳有何關係呢？

A⑥　那是……，我認爲宣傳和「愛湊熱鬧」這項要素有關聯……

A⑦　最近有所謂「CI」的名詞出現，如何提昇企業的形象成爲一大課題。我想透過宣傳的工作，發掘出貴公司的潛在性及可能性，訴求於社會大衆。

⬇不要隨便把性格和工作連在一起，如果有這種想法的人，宣傳部大概變成「愛湊熱鬧的人」了。

⬇如何才能提昇公司的形象，應仔細考慮，這是會得到不錯的評價回答方法。

〈作業方案〉數年來，有關企業宣傳的書籍成爲暢銷書，由撰稿員所代表的宣傳相關工作，也成爲求職的熱門項目，風光一時。被這股風潮所影響的人，如果以輕鬆的心情去應試，結果會變成像A⑤這樣。如果只是外向一些，其他適合的工作也很多。應對企業之中宣傳部門的角色好好研究一番，這點一定會被問到。對於志願公司的商業廣告，也應分析其優點、缺點，如何才能有效果，像A③這樣整理好答案。或是，自己試作一、兩個廣告，以如此的心情去面試才能應付自如，否則，便無法拓展前途了。

〔問題61〕你認爲編輯這工作如何？

A① 製作暢銷書，或是能編出受人歡迎的雜誌，我覺得一定很有成就感。

Q 暢銷書如果只是憧憬的話，不可能製作出來。

A② 是的，這點我知道，因此我認爲必須學習種種事情，才足以勝任。

Q 只靠知識也無法製作出暢銷書。

A③ 沒錯，大致來說腦筋要好。

* * *

A④ 這工作看來好像很風光，我聽說它是非常嚴格的工作，並且需有相當的知識、能力，對各方面有興趣也很重要。

* * *

A⑤ 和普通的工作不同所以我覺得很有興趣。

Q 出版社也是普通的公司。

A⑥ 不，我不太知道。只是有份好奇心，我覺得需要有能隨時

〔建　議〕

⬇編輯要從事什麼工作，應事前善加研究。

⬇在自己的腦海先好好整理對工作的想法，否則一被追問就無言以對了。

⬇這是有志從事傳播媒體者常有的類形，認爲大衆傳播業很風光的想法並不正確。

注意細微事情的能力。

Q　你爲何這樣想呢？

A⑦　我看了書籍及雜誌上的企劃後常常在想，實在有很多不錯的標題及內容，我認爲要做到這點，平日就要培養注意力及情報收集能力。

＊　＊　＊

A⑧　我認爲是做幕後英雄般的工作。那是因爲，你寫著作的原稿時，必須趕上截稿日期催促作者，還有校對及種種麻煩的工作很多。

⬇列舉出具體的標題或企劃，說出最令人感到佩服的地方更佳。同時也說明自己要如何發揮的意見。不妨去拜訪在大衆傳播界工作的學長，請教他一些經驗，一定能獲得具體的答案。

〈作業方案〉一提到編輯，很容易被認爲是非常有趣的工作，但是，如果抱著憧憬的動機去應試，就會變得像A②、A③這樣無法回答下去。想要從事這項工作，必須有廣泛的知識基礎，同時，將好奇心的觸角延伸到各處。A⑥、A⑦是比較好的回答，但一般企業都同樣重視人才的行動力、決斷力及可塑性，最壞的答案便是像A⑤這樣，把編輯看得很特殊的態度。出版社其他也有總務及營業部門，必須認識至少一個公司的某個部門才好。

〔問題62〕你認爲記者最需要的是什麼？

A①　看清眞實的眼力吧。

A②　揭發社會的不正，我想這才是記者應有的使命。

A③　不是把記者同樣的發展記事依樣抄襲過來即可，記者必須靠自己的「雙腳」來寫新聞報導。

A④　NHK的某位資深記者曾說，記者不只是在攝影機前讀新聞稿，連電視記者也要自己去取材才行，不能被動，我認爲作爲一個新聞記者，積極性是最重要的。

＊　＊　＊

Q　你的志願裏也有報社吧？

A⑤　是的，A社及M社。

Q　電視記者及報社記者有何不同？

A⑥　電視能將所播報的新聞稿直接傳給收看者，新聞主播所播報的每一條新聞中，都包含了說話技巧及表情。而報社的新聞，因爲經過記者撰寫到讀者手中，需有一段時間，讀者不

〔建　議〕

⬇A①、A②是極其普通的回答，缺少向考官的訴求。

⬇面試時，滔滔不絕地提及志願公司的勁敵是一種忌諱，又引用別人的說法時，即使是相當權威人士的言論，不喜歡的人還是很多，要注意這點。

⇩同時參加報社及電視公司應徵的人很多，要決定職種時，應像A⑥這樣明確地回答。

明瞭這些新聞文字是如何產生的，而新聞現場更是無法親眼目睹，比較不易作爲記者與讀者之間的溝通手段。不過，兩者都要親身去證實事實，不斷求證，才是眞正的態度。

＊　＊　＊

Q　你對最近傳播媒體的報導，最有感觸的是什麼？

A⑦　對所報導的人考慮不周延，未站在對方的立場著想，取材也毫無限制。例如，報導飛機的墜落事故及大廈火災等災難新聞，強迫性地把麥克風推給罹難者的家屬，問他們的感想，這種傲慢的態度，令人十分不敢恭維！

※有關傳播媒體「筆及攝影機的暴力」最近特別強烈。何以被稱爲「第四權」，應事先整理自己對記者的批評。

〈**作戰方案**〉作爲一個記者需有什麼條件？這個主題已經在很多地方討論過了，並不是什麼特別新奇的事。A①是太理所當然的回答。A③的程度，則略嫌不足。以自己的話表達自己的想法。A④令人有積極的感覺，由於引用別人的說法，如果未加上自己獨自的看法，會有不利的影響。A⑥的答法，表現出受試者本身的意見，整理得不錯。充滿著想要成爲記者的意願，得到的評價一定很高。

◇儘量避免有不利影響的回答

「因爲我沒有研究」、「老實說，和夥伴爭吵是我脫離社團的原因」、「感冒變嚴重時一個月都得躺在床上」「早上要早起感到很痛苦」，對這些顯然有不利影響的回答，面試時不必特意說出來。

面試是要推銷自己的場所，應考慮的是如何巧妙地向對方訴求，扯自己後腿的話，還是少說爲妙。

正如開頭所列舉的，不知不覺中說溜了嘴時，考官會故意反問你：「你似乎很容易和人吵架的樣子」，「你好像對自己的健康沒有自信」等等。

如此一來，氣氛會變得很尷尬，也許慌慌忙忙地加以否定也於事無補了，所以，當對方反問時，應清楚地否定。

相反地，過份自我推銷也值得商榷，如果一味膨脹自己的優點，而令人感到厭惡的話，考官對你不可能會有好印象。只是寫出「我有充沛的精力」、「我在社團曾擔任領導人」，而未具體證明自己的能力，考官說不定認爲你是個虛浮不實的人，所以，自己的優點一定要以具體實例來交待。

■情報⑤■

最近，聽說有非常多的考官強調對這種性格的學生的喜愛。某一人事負責人說：「無論誰都說自己在社團中擔任領導人或幹部，這是眞的嗎？再詳細追問的話，都幾乎說只做了一個月。與其錄用這樣的學生，不如選擇未加入社團而有自己原則的人。」

會有不利影響的話不要去提，但是，通常自己覺得能得分的地方，都隱藏了陷阱，這點不要忘記。

第六章　以專家的眼光掌握業界的動向

⊙以研究的成果向志願公司訴求

1.掌握業界的動向，整理問題點

通常，第一次及第二次面試比較容易問到有關學生生活的事。但第三次及第四次的幹部面試、集體面試及集體討論，問到業界的動向及企業戰略的情形居多。

考官發問的目標，是要將個人及學校狹窄範圍，拓展到經濟社會全體。主題也以「貿易摩擦」、「升值」、「金融革命」、「高度資訊化社會」等爲主，範圍非常廣泛，面試正是考驗你平日對問題注意的程度。

本章中，爲了使應試的學生能應付這些問題，特別收集了各業界所具有的問題點，做成問答形式，希望你能確實回答這些問題，以便通過所謂一流公司的層層考驗。

如何才能跨入大企業的門檻?最快的方法是把報紙、雜誌、書籍上有關各業界的知識讀得滾瓜爛熟，並融會貫通，收集各業界的資料，這和參加大學聯考時準備考試比起來，不是簡單多了?記住，掌握業界的現狀，抽出問題點，整理在筆記本上，這些工夫缺一不可!

2.發掘研究主題，深入探討

比方說現在你想從與能源有關的工作，收集了能源的相關資料，最重要的是不能漫無方法地閱讀。哪一點成問題點？要如何改善才好？都要以自己的意見來思考。

不僅在書本上尋找問題，請教就業輔導處的老師也是一個好方法，可以發現諸如「貨幣差益和能源業界的關係」、「核能發電的課題」之類的研究主題，在面試的場面上，自己主動向考官提出，這樣的積極性一定會使你大受矚目！

在競爭激烈的面試中，想要領先別人，脫穎而出，就必須表現出積極的態度，做到別人沒有做的事，否則，勢必無法散發與衆不同的光芒，加深考官的印象。

從事業界並不僅是爲了突破面試的難關而已，而是成爲社會人應有的事前準備，如何確實準備，和錄取與否，不可否認是有絕對的關係，但是，卻不是唯一的目的。

〔問題63〕目前銀行所具有的問題點是什麼？

A① 和證券業界的業務爭奪戰、對應郵局儲金的攻勢，以及都市銀行和其他銀行的競爭非常激烈，都是問題的焦點。雖然銀行已邁向自由化，但仍面臨了非常困難的局面。

A② 銀行也代理公債的發售，還有各種自由利息商品的普及。由於外國票據管理制度的自由化，外幣存款緩和了金融規制的發展，但根本上是讓利用者有寬廣的選擇空間。

■模擬應答實例■

A③ 國際化的進展及公債的大量發行，加速了金融自由化的腳步，但是，今後要如何進入證券業務、突破長期金融的界限，以及如何防止企業紛紛擺脫銀行，都是值得考慮的問題。

Q 企業爲何想擺脫銀行呢？

A④ 由於從高度成長期轉變爲低成長期，企業不必特意向銀行貸款來更新設備，我想這是很大的因素。因此，企業的目標必須朝著減量經營，謀求貸款體質的改善，才能產生剩餘資

〔建議〕

※這是很重要的主題，應好好整理在筆記本上，隨時準備回答。

↓似乎話說得太長了，先敘述銀行目前所具有的問題點，然後說明其背景、原因、解決之道。

※談比較嚴肅的話題時，表情應儘量和緩，盡力說得清楚以使對方瞭解。要做到這點，自己本身必須清楚地掌握問題點。

金。

Q　如此一來，結果會怎樣？

A⑤　這是理財訣竅。抵制銀行只是一種代表性做法。

Q　那麼，銀行應採取什麼策略？

A⑥　因爲目前不願將資金花在投資設備上的企業很多，但成長企業仍熱心於從事投資。爲了讓企業能健全成長，銀行應在經營指導多加用心研究，同時，爭取低利的資金也很重要。

⇩企業爲了理財的戰略，透過證券市場中股票及債權的買賣，來運用其本身的剩餘資金。

〈**作戰方案**〉銀行曾經在「護送船團方式」保護政策下，風光一時，在高度經濟成長時代引領風騷。但是，現在的情勢已急遽轉變，使銀行不得不在金融自由化的波浪中浮沈。無論是銀行對銀行、銀行對證券，或銀行對郵局，各金融機關之間，都展開前所未有的激烈競爭。A①～A③及A⑥都想談論這問題，回答還算差強人意。金融自由化問題是範圍很廣泛的主題，可預期的是話題會逐漸擴大。實例是企業擺脫企業的例子，但其他國際化、金融商品的開發也是很熱門的話題。➡參照（問題⑨58 64）

〔問題64〕銀行間的界限情形如何？

A① 依照型態來劃分的話，大致可分爲都市銀行、地方銀行、中小企業銀行、信託銀行等幾種，都市銀行是將總行設在大都市，以大企業爲主要的交易對象，地方銀行則是……。

A② 貸款方面如果以償債期間一年以上的長期金融及未滿一年的短期金融來劃分，前者是長斯信用銀行及信託銀行，後者則是都市銀行及地方銀行，但差別會逐漸縮小，都市銀行進入長期金融業務領域，也頗受矚目。

A③ 都市銀行的定期存款到期指定最長是三年，但長期信用銀行擁有五年的利付金融債，信託銀行則有五年的貸付信託，兩者中間有明顯的一線來區分。

■模擬應答實例■

Q 其他在資金調度方面有極大差異的是什麼？

A④ 信託業務。

Q 請說明一下信託業務。

〔建議〕

※應事先說明銀行的業界動態，依照規模，型態的不同，好好整理實務上的業務區分。

⇩利付金融債一般稱「Wide」，放款信託則稱爲「big」。

A⑤　指財產的管理運用而言，只有信託銀行才能做。

Q　其他的銀行也想參與信託業務的行列？

A⑥　不清楚，因為我研究不夠……。

Q　銀行的國際化是怎麼一回事？

A⑦　站在顧客的立場來說，銀行本身的國際化提供了情報的服務，但因為國內市場有限，必須把舞台延伸到歐美，謀求資金的調度及運用。

Q　你對外商銀行窺伺本國市場的看法如何？

A⑧　外商銀行的事有一點……。

⇩信託業務符合條件，認定外商銀行的進出。應表現下次一定要調查清楚的幹勁。

⇩今後來自海外業務的長短境界線可能會消失。

⇩說「一點」不如直接回答「不知道」。

〈作戰方案〉和金融自由化問題相關連，銀行間的境界問題也很熱絡。銀行間的界限由於「長短金融分離」、「大企業及中小企業」等區分而逐漸崩壞，資金調度方面的「長短之別」及「信託業務」則依然留著很高的藩籬。都市銀行，長期信用銀行、中小企業銀行及信託銀行，如何被外商銀行「侵入地盤」，最好能說出金融戰事的基本概要。A⑤、A⑥的回答還不夠。A⑦只能說是一般論而已。在話題中穿插最新的時事問題，說明銀行的國際業務，將會有好分數。⬇參照（問題⑨58 65）

〔問題65〕信用卡爲何能普及呢？

A① 因爲一張卡就可以買任何東西，十分便利。

A② 沒有帶現金也可以買東西，價格高的東西更可以分期付款，我想是這點受歡迎吧。此外，像檢修車輛、裝置電話等，信用卡公司對利用圍範的開拓可說不遺餘力，漸受消費者的重視。然而，大家對信用卡的瞭解還不夠，因透支而破產的大有人在，另一方面，也有人極端厭惡信用卡，根本不屑一顧。

■模擬應答實例■

Q 對於討厭信用卡的人，你認爲要如何說服他們接受？

A③ 他們多半無法消除「沒有現金怎麼買東西」的固定觀念，這麼好的事其背後當然存在著不信任感，茫然而不安的人意外地多。對這些人說明使用信用卡的好處，無疑是對牛彈琴。因此，應以信用卡對信用卡公司及特約商店也能產生好處爲訴求，並說明遺失信用卡的危險性及預防的對策。此外，

〔建 議〕

※陳述使用信用卡的經驗時，應說出它爲何便利。「當時沒錢感到很困惑，卻很想買一組音響」，這樣說的人，會直接給考官「信用卡奴隸」的印象。

※把問題指摘出來，詢問其解決對策，是理所當然的事。

也必須研究如何增加信用卡使用者的優待。

Q　你認爲信用卡的不良使用者應如何應付？

A④　可對他們警告「這是高利貸地獄」，在它之前還有一個「金融地獄」，使透支者有所警惕。也就是說，毫無計劃地使用信用卡所帶來的後果，令人不堪設想。最重要的是，讓消費者本身有「使用信用卡就是貸款」的認識，建立起正確的觀念。

⇩分析信用卡的優、缺點，陳述自己的意見，這點很好。

〈**作戰方案**〉現代被稱爲「信用卡社會」，由此可見信用卡使用的普及程度，似乎它就是一種財富的炫耀，任何人都希望能在皮夾裏放上一、兩張信用卡。信用卡之所以普及到這種程度，大概是來自A①、A②的原因，或者，正如A③所指摘的，即使原本討厭信用卡的人，也可能因貪溺於信用上方便而陷入金融地獄，卻渾然不覺。今後，應如何讓信用卡健全地發展下去，應確實說出。此外，信用卡上能使用在什麼地方，以及其他公司的提攜能進展到什麼程度，也應一一說明。

〔問題㊅〕你說明一下保險公司的功能

A① 人壽保險是以人爲對象，產物保險則是以物爲對象。人壽保險由於契約期間是長期的，資產的運用必須做到長期性、安定性。與其相比，產物保險的契約期間多半是一年至三年，資產必須在短期內運用。因此，人壽保險是長期金融機關，產物保險則是短期金融機關，在功能上大致相同。

A② 各分公司的財務調查角色成爲中心，中堅、中小企業在放款方面發揮強大力量，放款件數約百分之八十，放款金額一九八五年三月底爲止已有一兆四千二百八十二億元實績。

■模擬應答實例■

Q 爲何你分析中堅、中小企業強呢？

A③ 從營業方面來說，分公司多擁有龐大的銷售組織。融資方面，借款利息並沒有大、中小企業差別，和實際利息相比，人壽保險的資金成本被認爲最有利。

Q 人壽保險及產物保險的市場型態應如何改變？

⇩說明保險公司的基本業務時，應抓住重點，清楚地說出，從這意義來說，A①的回答應可獲得錄取。

⇩列舉出具體的數字，可看出你確實研究過。

⇩話說得很僵硬，應讓考官覺得清楚容易懂才好。只是極力表現自己的知識，縱使沒有錯誤，考官對你的印象也不可能太好。

A④　壽險是個人，產險是法人，兩者各有其型態，但壽險由於企業退休金等進入法人領域，產險則由於傷害保險的流行參與個人領域。因為壽險和以往的業務員有工作範圍，限定銷售地區的專門業務員制度出現，產險也是……。

Q　請說明醫療保險。

A⑤　同樣以法人市場為對象的壽險是定額賠償，產險則是以實際損害作為補償的依據，以這種特徵的商品銷售。

※目前壽險及產險市場開拓十分不易，各家公司的業務員無不全力以赴，最好能將各公司的戰略謹記腦海中，以便隨時作答。

※新型保險的知識不可或缺。尤其醫療保險是跨越壽險、產險業際的商品。

〈作戰方案〉死亡、受傷、火災、車禍等不可預測的事故，永遠無法排除，從這意義來說，保險產業可說是永遠都能成長的產業。但是，由於金融自由化的衝擊，銀行及證券公司不斷發售新的金融商店，保險公司因此不能再保持舊有型態。有別於以往的做法，開始發售「公積金家庭交通傷害保險」、「公積金女性保險」、「臥床老人介護保護」等商品，試圖加入信用卡、高齡化、女性的市場，謀求綜合性地因應金融自由化的來臨。⬇參照（問題⑩）

〔問題67〕證券公司的收益成長有何背景？

A① 窺伺個人資產的，除了中國基金會及公司債投資信託，股票也已經擴展至主婦及學生間，我覺得這是很大的成長背景。此外，企業脫離銀行的行動日益盛行，各企業莫不希望透過股票的時價發行、時價轉換公司債來運用剩餘資金。

A② 股票市場及公司債市場等證券市場正安定地成長著，從國際來看，東京可說處在倫敦及紐約中間的絕佳位置，受人矚目。

A③ 以多餘資金的狀況爲背景，機關投資家積極地進行股票運用，再加上外國投資金加入證券市場，目前非常活躍。

■模擬應答實例■

Q 你對股價有興趣嗎？

A④ 是的，有。

Q 股價暴落你認爲究竟是什麼原因？

A⑤ 像布希總統的健康惡化、美蘇關係崩壞所形成的國際危機

〔建　議〕

⬇這問題在經濟報紙、雜誌上已分析過，對於既成事實的背景，不要說「我這樣想」，明確地以肯定的語氣答覆。

※應瞭解證券公司在金融界全體中所佔的位置，說出收益增加的原因。如果能說明銀行和保險公司的比較，可以使考官對你刮目相看，貪婪地收集情報吧！

、日本選舉自民黨的敗北、日圓極端升值、美日貿易摩擦再度燃起，都是原因。

Q　股價順利推移著，但證券公司所要求的措施是什麼？

A⑥　能因應股票業務的國際化、自由化，處理部門的強化及情報網路更爲確立。對於一般投資家體貼入微的建議體制的充實不能忽略，我認爲這才是眞正的觀點。

⇩從全球觀點來看措施，眼光對準未來投資的方策，這兩方面來說明可看出研究的軌跡。注意不要變成抽象的回答。

〈作戰方案〉證証券業界目前已陷入銀行、保險劇烈的金融自由化潮流中，以N字型不斷上漲的股價沒有止境，氣勢一直沒有衰退跡象。既然如此，投資家便很容易被股票表面上的風光所迷惑，但立志要進入證券業界的學生，對股票的結構，以及證券公司在金融上擔任什麼樣的角色，都應有充分的掌握。證券公司被預料將來和銀行互相提攜合作，發展業務，因此，銀行業務也需多加學習、瞭解。參照（問題⑪）

〔問題㊳〕貿易公司的冬季時代是什麼意思?

A① 從高度經濟成長時代轉爲低成長時代，雖銷售額成長，收益卻極端遲鈍，這種狀態一直持續下去便是所謂的「冬季時代」。貿易公司的經常利益不足百分之一，因此即使賺了十兆或十五兆，也等於沒賺錢。

A② 貿易公司構造上的缺陷在世界性的不景氣中被暴露出來。也就是說，貿易公司所經營的商品都是厚重方面的鋼鐵、石油、穀物、煤炭，但這些產業的成長已鈍化。另一方面，貿易量不斷成長的自行車、電腦、家庭製品等，並不經由貿易公司進行輸出入。於是，貿易公司便向第三國間貿易覓求生路，但這些都是薄利多銷、銷售額競爭激烈的商品，利益未見增加，我認爲「冬季時代」是指這種體質的固定而言。

■模擬應答實例■

Q 貿易公司想擺脫不景氣應謀求什麼方法?

A③ 目前業界正以軟體化、服務化試圖改善。

〔建　議〕

⇩A①的回答實在太不可靠，A②可說是穩獲錄取的回答。但是，這種程度任何人都可以答得出來。

Q　那是什麼意思？

A④　也就是脫離事物的戰略，不拘泥於素材而想服務的技術，發掘不是事物的軟體，例如如何招徠顧客。

Q　具體地說呢？

A⑤　對金融、流通、廣告等第三次產業全力以赴，新媒體的情報產業也投下巨額投資，任何事都想參與的鬥志存在的話，就可擺脫冬季時代。

⇩貿易公司充分累積了技術，如何利用，向新的領域挑戰？你自己本身的意見，再配合時代需求提出一個方案。

〈作戰方案〉某大貿易公司的董事長說：「即使投了壞球也好，只希望能上壘得分。」這番話正表現了企業的決心。「對外國文字、算盤很強。」對新的事物像魚般咬著餌不放，然後把它帶到算盤上，精打細算，完成工作，這就是綜合貿易公司的現況。被稱爲「冬季時代」的現在，將目標定在輕薄短小的領域，驅使情報機能及組織機能，向新的領域挑戰。從這個問題，會提及今後貿易公司應有態度的話題。站在技術的觀點來掌握經濟的動態，才是致勝的關鍵。⬇參照〔問題⑫㊿〕

〔問題⑲〕你知道建設業界新的動態嗎？

A① 一提到建設業，一般人都會浮上男子氣概，需幹粗活的工作等印象，但是，爲了因應資訊化社會的來臨，我聽說業界已朝著服務產業的目標發展。

A② 不僅是大廈的建設，把大廈視爲都市的一部份來考慮，重視其機能性。

A③ 除了建設業之外，住宅分售、都市開發等發展謀求事業展開，也進行購物中心及飯店等設施出租的經營。

■模擬應答實例■

Q 你在本公司預備從事什麼樣的工作？

A④ 我想在海外負責大企劃的建設。幸好貴公司比其他公司更積極從事海外的工作，所以才志願進入。

Q 在海外必須使用到當地的勞工，你認爲這方面什麼是最重要的？

A⑤ 應充分瞭解當地的風俗習慣，尤其有關宗教的傳統更應注

〔建　議〕

⇩A①～A③的回答雖好，但應集中於自己的主題從事研究，表現熱忱。

※比較大的志願動機，應有確實的佐證來說明自己的抱負。在海外可實行大企劃，相反地，小企劃也有做的意義。

⇩能考慮到宗教問題，這點很不錯。

意。

＊　　＊　　＊

Q　所謂民間活力指的是什麼？

A⑥　就是把民間活力導入公共事業的意思。

Q　爲何稱爲民間活力呢？

A⑦　大概是比國家及地方公共團體做事更有效率的緣故吧。

Q　其他方面你有沒有特別想做的工作？

A⑧　我對都市計劃很有興趣，想要從事都市的再開發，例如T市的再開發，如果是我的話……。

⇩有關業界的重要時事用語一定要理解。A⑦的程度還不夠。

⇩把自己對「T市再開發」的方案說給考官聽聽看。

〈作戰方案〉建設及不動產業界，本身是很辛苦的行業，它的體質保守，可說是綜合性的服務業。目前指朝著體質柔軟的目標進行一連串的變革。在休閒、健康、公寓、住宅、高爾夫球場等的多角化經營中，其營業人員被要求的是，對任何事都能以新鮮的眼光去看待。新戰略方面，因應高度資訊化社會智慧型大廈的建設及整個地區的再開發，成爲很大的企劃相繼出現。以自己的觀點及創意向考官訴求，提及都市的美觀及居民的調和等問題也無妨。

〔問題⑰〕說說你對生活方式的變化及食品產業的意見

A① 以生活方式的變化來說，我認爲個人的生活確實已達到多樣化的地步，消費者對食品的選擇也富有變化。因爲衣食住行中飲食最能迅速產生變化，食品的方式改變非常大。

A② 我到百貨公司去時，發現已和四、五年前不同，約三十歲的主婦和幼兒一起吃著乳酪及霜淇淋，我覺得食物創造了一種生活方式的典型。

■模擬應答實例■

Q 爲何大家都喜歡速食食品呢？

A③ 我想是因爲方便、便宜、環境明朗吧。作爲孩子彼此之間或母親與孩子之間的溝通手段也很方便，所以大受歡迎。

Q 其他方面你是否察覺了飲食文化的變化？

A④ 我對食物加入娛樂的要素這點感到極有興趣，像罐裝啤酒及情人節巧克力都是如此。二月十四送巧克力變成一種生活

〔建　議〕

⬇話不要說得太抽象，應讓考官想像更具體的場面。

⇩提出容易瞭解的例子，但在說明內容後，應稍微用比較艱深的字句做結尾，這是說話的要領。

⇩A④、A⑤的回答不錯，但希望能從自己的生活方式中提出話題，應表現出成爲評論家的心態。

方式，如果換成餅乾或牛乳糖情形會如何？我想正因爲是巧克力的緣故，才能推展得如此廣泛。

Q　你對食品產業的印象感覺如何？

A⑤　看了麵包及咖啡的多樣產品，我覺得食品已變成文化產業了。

〈作戰方案〉如A⑤所言，食品產業現在已經成爲文化產業。健康及運動的觀念正逐漸風行起來，食品公司一定在這兩方面大力支持。對這個問題，A①、A②、A④比A⑤更具體地說出食品的名稱，提及受食品公司影響所以形成的社會現象。飲食需求的擴充之前，應先強調食品產業軟體的價值，陳述自己的意見。飲食是人類所具有的單純行爲，但今日已變得複雜起來，有必要重新檢討飲食在自己生活方式中究竟佔了什麼樣的地位。

〔問題⑪〕你對東區的百貨公司戰爭有何看法？

A①　怎樣說好呢，我想這是好現象，有好幾家公司聚集在一起，更帶動了人潮，產生相乘效果，銷售額也能不斷成長。

A②　從集客力這點來說，各公司互相競爭是很好的事。事實上，受到地盤下陷的消息所影響，東區正掀起一片搶購的熱潮，顧客大為增加，整條街令人有沸騰起來的感覺。

■模擬應答實例■

Q　你實地觀察的結果如何？

A③　我認為每家公司都下了一番功夫去研究。而且消費的需求走向多樣化、個別化。我本身也是購買完全適合自己的東西。如果有眞正中意的東西，即使價錢稍微貴一點也會買下來。百貨公司常有打折扣的促銷活動，多利用這點，也非常有利，我覺得很不錯。

Q　你為何認為很不錯呢？

A④　首先，確實能聚集顧客，不僅可以作為約會的地點，也可

〔建　議〕

⇩A①、A②以同樣的內容做說明，但A②說得比較詳盡。像A①這樣沒有自信的表現應儘量避免。

⇩如果志願進入東區及西區的流通業界，應常到附近街上的百貨公司及超市，觀察實態。

⇩在一一被反問之前，在A③的階段就要回答到A④的程度，這個習慣應培養好。

以順便買東西。

Q　百貨公司所面臨的問題點何在？

A⑤　那是消費者的嗜好愈來愈多樣的緣故，而業者本身不知道將焦點鎖定在什麼地方。某一報導百貨公司的新聞這樣說：「今天的時代，哪一種東西能賣得好並無法預料，這樣東西難道會賣得出去嗎？」也許被認爲不容易賣的東西，反而成了暢銷品，因此，我認爲把觸角擴大，努力試探消費者的動向，是此業界最重要的工作。

⇩將新聞報導提出來說，頗具有說服力，對業界動向這問題，應表現出自己有研究的態度。

〈**作戰方案**〉百貨公司之間的銷售競爭極端熾烈，但面試時應站在消費者購物的立場來考慮，自己實際踏進每家公司去觀察，以購物的經驗作爲話題。感覺好的公司當然受歡迎，銷售額會提高，此外，物品是否齊備也需注意，說出各家公司特徵。各家公司舉行展覽會或各種典禮儀式時，也不妨參與，看看百貨公司文化活動的實態。由於此業界是和我們息息相關的行業，應先具備實地觀察的心態，不要吝於使用你的雙腳！➡參照（問題⑮51）

〔問題㊆〕說說你對廣告的看法

A① 第一，應有明朗的印象。第二，能簡潔明瞭理解商品的機能。第三，在廣告中，即使一個也好，應具備令人印象深刻的台詞及場面。一提到廣告便發出讚嘆之詞：「啊，獨特的廣告！」能製作出這樣的廣告，便可說是成功的廣告。

■模擬應答實例■

Q 你對廣告公司的意義有何看法？

A② 我認爲它是社會上所不可或缺的東西。

Q 你能說得更具體一些嗎？

A③ 各種商品讓消費者知道這點，我覺得是很重要的工作。廣告的推出方法如何，往往左右了商品的印象，這種情形屢見不鮮。

Q 譬如說怎樣的情形呢？

A④ 記得有一次某製造商爲了推銷錄影機，打出了反面性的廣告，結果造成反效果，那否定性的印象已經深深滲透到消費

〔建議〕

⇩列舉第一、第二……的答法非常易於瞭解。想法經過整理，令人感覺你的頭腦不錯。

⬇「還是……」及「或者這樣」等用語會變成一種習慣，既然已成爲社會人，口齒應清楚。

⇩從平常接觸的廣告中，先整理好自己的意見，面試時熱忱地說：「如果是我的話……」、「這點很令人佩服」等意見。

者的心中，眞正目標的消費者卻無法瞭解，發生這樣的情形不可不謂「悽慘」，由此例子便可知道，廣告的力量對商品行銷的影響甚鉅。

A⑤ 誇大不實的廣告相當多，令人感歎，但廣告這工作是商品及消費者之間的接點，非常重要。

Q 說說你對跨大不實廣告的感想。

A⑥ 譬如生髮劑、減肥藥等一部份藥品，目前正是求職的季節，但求人廣告中也有誇大表現或過份讓人期待的傳單出現，十分引人矚目。

※誇大不實的廣告氾濫，令人感到介意，但在憤怒之餘，也應提示自己的改善方案。

〈作戰方案〉在資訊氾濫的現代社會，廣告的價値愈加提昇。儘量使更多的人知道，便是企業的重要戰略，C・I的導入也更活潑起來。廣告所擔任的角色應有充分的認識，像A①這樣，將自己對廣告的印象加以整理後說出來。企業能舉行大的活動、儀式，是因爲擁有大批的支持者、贊助者。廣告能左右社會的趨向，而在廣大巨大力量之下，你對「過度膨脹」的廣告產業，是否以能清晰的觀點來看，正是考官想要試驗你的地方。➡參照〔問題⑳〕

【問題⑺③】你認爲高度資訊化社會的問題點是什麼？

A① 資訊過多形成氾濫，究竟哪一個情報是正確的，常在不知不覺中混亂起來。

A② 我認爲侵犯隱私權的危險性升高了，在「戰爭遊戲」這部影片中，二位少年利用自己的個人電腦侵入了處理國軍機密事項的國家線路，說出第三次大戰即將爆發的預言。我想這正暴露了情報管理的安全性未獲得保証的問題。

A③ 很意外地簡單的機能停止了，我想這是問題點之一。最近S區的電話不通，以及因爲偏激人士破壞，國鐵的電腦被切斷，首都圈的交通網陷於癱瘓，都令我印象深刻。

■模擬應答實例■

A④ 現在被稱爲新媒體時代，但CATV尚未普及，因此，如何克服電視舊媒體的服務，交易價格也有過高的傾向，最重要的課題是如何降低價錢。

【建　議】

⇩對高度資訊化社會未加以注意，就會回答出像A①這樣平凡的答案。

※高度資訊化將成爲今後的時代潮流，其中存在著許多重大課題，至少要能列舉出三個問題點。

⇩從社會性的事件找出問題點，很容易使回答簡潔明瞭。如果能更進一步深入說明更佳。

Q　你的意思是說「高度資訊化」還言之過早？

A⑤　不，不是的。銀行的連線作業及企業的業務都有進展，但一般家庭除了電腦遊戲部份之外，尚未普及。以文字多重播送來說，如果能開發適合人們需求的資訊軟體，我想應能迅速擴展下去。

⇩從新媒體利用者方面來思考，問題意識很清楚。

〈**作戰方案**〉ＩＮＳ實驗及放送衛星的發射，使高度資訊化社會的步伐著實進展著，但另一方面也呈現了幾個問題。Ａ②～Ａ⑤便是例證。其中Ａ④、Ａ⑤尤其是ＮＴＴ及從事新媒體各企業的人煩惱的根源。從新聞、雜誌掌握志願企業的經營策略，更必須從深遠的觀點分析企業公司的動向。高度資訊化社會的問題是，ＣＡＴＶ、ＶＡＮ等新媒體的基本用語應瞭解清楚。

〔問題⑭〕投機事業暫時失去了氣勢，你的看法如何？

A① 那是一部份如雨後春筍般設立的公司。貴公司在銀行的信賴方面很深厚，經營基礎非常堅固，我認爲今後的業績必定會成長。

A② 雖然熱潮已過，有些人仍會覺得十分可惜，若是經過淘汰而穩定下來的事業應該值得一試。

■模擬應答實例■

Q 失去氣勢是源自何種原因？

A③ 破產公司的共通點是經營者的態度過於放任，以及對技術的過度依賴。高技術景氣的停滯，貿易摩擦及貨幣升值使得輸出環境惡化，中小企業及投機公司受到波及。結果，過大的投資變成沈重的負擔。

Q 你認爲今後需有怎樣的經營策略？

A④ 要再次回到投機事業的原點，趁著熱潮維持下去，對自己

〔建　議〕

⬇投機企業的倒閉受人矚目是事實，瞭解事實後再回答，會更有力。

⇩以積極的態度表現自己的意見，相當不錯。但從破產事件來分析原因，直接指摘問題點更佳。

⇩瞭解投機事業的現狀，在A④再更深入展開話題，表示自己的意願，一定能被錄用。

※明瞭官、學和當地的關聯的企業在增加。

的技術及經營力重新評估相當重要。和大企業從事同樣事業的話，投機事業實在無意義。

Q　你如果進了公司最想做什麼？

A⑤　應以技術力的優秀爲訴求，爲了達到這目的，製作營業用的手册，認爲有潛力的公司想要發揮精力來推薦。

A⑥　希望有力的投資者，擬定使資金不會無法動彈的對策，絕對不讓它發生，因爲利息負擔而無法動彈也應避免。

⇩事實上這是考官錄用你的機會。A⑤是表示想要在小公司試驗自己的營業能力，將熱忱傳給考官。

〈**作戰方案**〉一九八二年到八四年被認爲是第二次投機事業景氣時期，正好遇上科技的流行趨勢，許多有利的投機事業遂誕生了。但因A③的原因而破產的公司相繼出現，另一方面，不得不接受大企業支援的投機事業開始備受矚目。以安定性爲求職選擇條件的學生，絕對不適合此業界。另一方面，比較願意接受挑戰或嘗試冒險的學生，則認爲此業界的工作甚具價值。新力及日立公司，以前也曾被認爲投機企業，但後來卻在業界引領風騷，大展鴻圖，正是因爲業者有遠大的眼光，做正確的投資。總之，選擇職業應做多方面的考量，低估事業的將來性。

■情報⑥■

◇「即席」加深印象的說話方式、聆聽方式

某位作家曾如此說：

「如果作品未受到矚目時，儘量用漂亮的字體書寫，利用漂亮的字體來彌補內容的不足。」

這種戰略也可以運用在面試上，如果你自認爲事先所準備的「志願動機」及「自我推銷」很平凡，不妨以說話方式及態度來彌補內容的不足。

同樣地，即使向考官說：「我因貴公司自由闊達的風氣，所以才志願加入。」但聲音卻很細小，或是彎著背部，給人的印象必定大打折扣。所以，不如挺直身體，直視著考官，說話力求簡潔清楚，比較能給考官一個好的印象。

某位都市銀行的人事負責人則說：

「我常遇到話說得結結巴巴、辭不達意的學生，似乎說話對他們來說是一件十分棘手的事，這些學生對自己本身並沒有充分的瞭解。在自我推銷時，輕鬆地將讀書會所研讀的內容傳達到對方的心裏，是最重要的要領。要做到這點，應依照自己的方式來說話，平易地說出來。以電視播音員的話作爲參考，也是不錯的方法。」

有關畢業論文及讀書會的話題，很容易變得趨於嚴肅、呆板，在面試之前，不妨先讓朋友及父母幫忙做一次模擬，聽你說話，找出缺點所在，不斷練習，直到他們也能接受爲止。當你能夠簡單明瞭地表達自己的想法時，就可安心地上考場了！

另一方面，注意聽考官的話也很重要，也就是要擅於聽別人說話。

積極地想要瞭解考官發問意圖的態度，立刻會表現在你說話的態度上。只要對這方面很關心，自然會表現在肢體語言上。

如果不明瞭質問的意圖，不妨反問：「對不起，我不太瞭解您的意思。」在不清楚考官問題的意思之下，衝口作出回答，往往會鬧出「牛頭不對馬嘴」的笑話。

總之，無論是回答問題或聆聽問題，都要站在考官的立場來考慮如何回答。

第七章

面對意想不到及吹毛求疵的問題切勿慌亂

⊙如果被問到預料之外的事，先深呼吸一下，冷靜地應對。

1.你現在正被考驗著

面試結束的學生們，三五成群在咖啡店裏互相討論。

「眞是，A公司的人事課長眞令人氣憤，簡直是看扁了人嘛！」

「我在B公司受挫折，他們竟說我不適合該公司！」

這些社會新鮮人的心情我都可以瞭解。

但是，面試是一個必須在短時間內判定某人的場合，而判定人的一方所要徵求的人才有限，有一定的選擇標準，所以勢必要淘汰多數受試者。如果考官認爲某位受試者處於「及格邊緣」，通常都會想辦法給對方一個機會，問一些不同的問題，來看受試者的表現。

被認爲是意想不到、吹毛求疵的問題，其實可能就是想要考驗你的「變化球」，如果你不作考慮直接揮棒的話，正好上了考官的當。變化球有變化球的打法，這是選球的要點。

2.結束前是決定關鍵

在職業棒球中被稱爲「強打者」的打擊者，對自己預料之外的球路，如果球一來就揮球，一定會揮出空棒。面試也是一樣，如果能有某種程度的預測、模擬作答，就不會臨場慌亂起來。本章收集了前面文章未包括的東西，都是有關考慮考官「爲何會這樣問？」的問題。

但是，遇到有問題時若是躊躇不前，一定會全盤皆輸，你必須欣然面對問題、接受挑戰才行。

面試就是要認爲那是考官的「投球」，縱使他投了稍微不好的球，也要跳起來或跳到旁邊去接球。如果你沒有接住球的意思，就不會向上跳起，也不會跳到一邊去接球。如此一來，球只會滾到運動場的某個角落而已。

所以，對於突然提出而吹毛求疵的問題，只要能表現出幹勁，就能克服障礙。對於小小問題不必反應過度，只要冷靜地應對，自然能產生好的結果。

〔問題⑮〕你似乎並不適合我們公司

〔老實說我認爲你好像無精打采……〕

A①……。

A②究竟這是怎麼回事？

Q 本公司要求的是有精力、行動力的人，但我一直在聽你說話，感覺你似乎没有精神。

A③也許吧。我的確一向都缺乏行動力，但是，在進入社會的同時，我想利用這個機會，下定決心改變自己的性格，請多幫忙。

〔被認爲是老學究而敬而遠之時〕

Q 我認爲你初期的目標應該進研究所比較好，因爲你看來有點老學究的樣子。

A④我也自認爲有一點老學究，但前天學長殷切告誡我：「你如果繼續留在學校，會變成井底之蛙，不知大海之大。」也許我現在被認爲是老學究，但一進入貴公司後，我會請前輩

〔建　議〕

⬇如果一直保持無言，就無法突破事態，不妨做個深呼吸，讓心情穩定，爲何對方認爲自己不適合，應問清楚理由。

⇩「請多幫忙」這句話十分有效果。

⇩這麼說考官會想：「好吧，就磨練磨練你！」

們給我磨練的機會，多多指導我，使我成為具有實力的營業人員。

（**如果被認爲不適合公司的風氣……**）

A⑤　雖不充分，但至少我知道貴公司穩健踏實的作風。只是我先前所說的話，是因爲基於貴公司可能要求劃一的公司風氣，才會如此說。

Q　你是否有自信在本公司的風氣下做下去？

A⑥　當然有。我希望能成爲使顧客對公司看法改觀的職員。

⇩的確没錯，但自己如何依照公司的風氣而改變，這點說得還不夠充足，應明確說明。

〈**作戰方案**〉「你眞的想進入本公司嗎？」「你有多大幹勁？」這些都是考官想要試驗你的問題。對於對方挑釁性的戰略千萬不要輕易上當，也不要因爲這樣就生起氣或像A①這樣沮喪，這是絕對行不通的。不如像A③、A④這樣，坦率認定自己的缺點，並加以反省，表示進入公司後將努力改正缺點的態度。也許坦白誠懇並不容易做到，但這種類型的問題，必須有預測，模擬應有的回答，正式接受面試，態度就會顯得從容多了，不過，如果考官的問題眞的讓你感覺不自在，也不必做出任何激烈的反應，坦率地依照自己的心情去應對即可。

〔問題⑯〕那麼對你來說結果是如何呢？

〔關於讀書會的事說得稍微長了些……〕

A① 也就是說，在讀書會中我一向認眞努力，認爲它和人的成長極有關係。

A② 在讀書會中認眞研讀，得到了會計學的知識，所以想將這些知識運用於銀行。

Q 如果想發揮會計學的知識，到別的金融公司不是一樣嗎？製造廠及貿易公司也都可以。

A③ 我認爲銀行還是金融業界的領導者。

〔畢業論文的內容，再做詳盡的說明……〕

Q 你硏究之後得到什麼課題？

A④ 我認爲各公司若想成長，彼此應切磋琢磨，共同解決問題。

Q 你認爲要如何改善才好，具體地說說看。

A⑤ 這方面我還不太瞭解，因爲我想進入公司後再研究，找出

〔建 議〕

※論點模稜兩可，以及說明不夠充份時，都會被這樣追問。

⬇有這種感覺尙可，模稜兩可的回答，會被考官認爲是「沒有自信的傢伙」。

⬇爲何有此想法應說明清楚。

※自己想要研究的課題，應從各個角度檢核一遍。

問題癥結所在。

〈把經驗說得過於冗長……〉

A⑥　我知道社會中有各種類型的人存在，他們可以拓寬我的視野，也可讓我瞭解自己的想法是多麼天真、幼稚。

Q　你已經完全捨棄任性、撒嬌的性格嗎？

A⑦　不，還沒有。成爲社會人這樣是不行，我認爲應堅持「嚴以律己」的原則才是。

Q　你有這種自覺相當不錯，但今後作爲一個企業人，千萬不要忘記這種心情。

※想要辯解的心情領先其他方面時，就會顯得話過於冗長，要領是在結論時補說得不夠充足的地方。

⇩如果對方這麼說，那表示準備要錄用你了！

〈作戰方案〉對於考官所問的主題，如果你說得拉拉雜雜，對方當然會感到不耐，問這個問題來提醒你儘快結束話題。說話應恰如其份，先說結論，這是一個很基本的態度。一個人的面試時間約十五分鐘左右，在這當中如何自我推銷便是勝負的關鍵。不幸被這樣質問時，如果能像A⑥、A⑦這樣回答，也會安全過關。A①的回答顯然在自己的腦海中尚未整理好。也就是本身對主題沒有徹底思考，應培養自己能獨立思考的習慣，適時說出自己的想法。

〔問題⑰〕你的意願似乎沒有表達出來……

（自我推銷時，話說得不夠充分）

A① 我是比較內向型的人，對表現自己感到很棘手……。

Q 你是怎樣的人，不說明給我聽就無法了解……。

A② 啊，的確。我不是個有行動力的人，但我具備了創造力，想要將這種能力善用在企劃方面。

Q 你說有創造力，現在可否證明看看。

A③ 證明嗎……。

（自我推銷，卻只說了兩、三句……）

A④ 因爲非常緊張，所以……。

Q 好吧，你先穩定一下心情再來介紹吧！

A⑤ 我是能專注於某件事的類型，所被賦予的工作，都會堅持到最後，達成任務。此外，我很厭惡做錯事不認錯的人，可說是非常誠實的類型。

Q 那麼你說說看自己最擅長的事情。

〔建 議〕

⬇想要敷衍了事把話打發過去的態度，並不是有所作爲的人該有的，應再一次重新自我推銷，好好介紹自己。

⇩讓考官充分瞭解自己的工夫非常重要。因爲考官和你初次見面，只有手邊的履歷書，所以你應該把眞實的自己呈現在他的面前。

⬇在這裏說不出話就不妙了，要表現自己的實力給對方看才是。

A⑥　我雖然沒有比別人優秀的地方，但因爲我是法律系畢業，有關法律的問題，某種程度上相當擅長。

〈暴露了研究不足〉

A⑦　對不起，我對業界研究不足，不能暢所欲語……。

⬇「差不多」、「某種程度」、「應該適當」這些模稜兩可的話儘量避免，說話要清楚扼要。

⬇對於「研究不足」的缺點要如何彌補，必須向考官說明。

〈作戰方案〉在面試時會莫名地緊張起來也是不得已的事，但不要一直以自己爲訴求重點，過份誇耀自己的優點。而應抱著「我一定會讓公司成長」的心態去面試。從以往的體驗所獲得的廣泛見解，充分傳達給考官，這是必備的氣概。被問到這個問題時，通常會陷入十分嚴重的僵局，但切記鼓起精神，坦率而努力地自我推銷。說話沒有力量的，只要有誠意，將自己完全呈現出來，考官一定能瞭解。

〔問題⑱〕你是文學系出身的？

〔推銷自己時，立刻會被問到……〕

A① 是的，我知道貴公司希望的人才是法商學系出身的，但我無論如何想進入貴公司，所以才來應徵。

Q 英文一科你學到了什麼？

A② 研讀以美國的現代文學爲主。我最用功學習的科目是《白鯨記》，畢業論文打算寫有關它的研究。

Q 研讀《白鯨記》和希望志願加入該公司有何關係？

A③ 要找出直接的關聯十分勉強，但我透過文學，充分學習了人的想法及工作的熱忱，奠定了所謂人際學的基礎。

〔應答大約告一段落，喘一口氣時……〕

Q 文學系的學生一般來說不太受企業的歡迎，你認爲是什麼原因？

A④ 因爲在大學所學的東西，無法直接對商業社會產生作用。

A⑤ 我想是對經濟、法律、會計等商業社會的基礎知識涉獵不

〔建　議〕

※狀況不利，但可由爲何想進入該公司的幹勁來進攻。

⇩對文學系的學生來說這是很難回答的問題，應先有「不要被認爲文學系的學生還是不行」的心理準備，先穩定心情，輕鬆作答，懷著自信的話，即使A③的回答也能完全過關。

⬇A④的印象不佳。不如回答：「雖瞭解文學及歷史，但無法直接對賺錢有所幫助，大概

足之故。還是有某種程度的瞭解比較容易作答。

＊　＊　＊

Q　你是否具備了這些基礎知識？

A⑥　是的，我自認爲有。

Q　根據是什麼？

A⑦　我是英文系畢業的，但曾選修經濟系的三個學分及商學系的四個學分，那些科目是……。

是這個緣故吧。」清楚地作答反而有錄取的希望。有時應答的態度比說話的內容更受到重視。

⇩如此斷言時，考官心裏也會覺得你是個可靠的人。面試時經常以強勢的態度去面對，會比較有利，這點不要忘記！

〈作戰方案〉文學系出身者，由於A⑤的理由而有不利的影響，的確是不可否認的事實。一開始就拒絕文學系學生的企業相當多。但不必因此氣餒。文學系畢業卻進入一流企業的學長大有人在。那麼那些學長爲何具有不受歡迎的因素，卻能被錄用呢？那是因爲，考官這樣對他下了判斷：「他比法律系或經濟系的畢業生更能幹。」爲了達到此點，必須熱心地自我推銷，提出自己的長處，例如曾擔任社團領導者或擅長英語會話，即使文學系出身，一樣會受到重視。

〔問題⑲〕你將如何善用理工科系出身的特點？

〔一般的例子……〕

A① 和文科出身的人相比，對事物的看法有所不同。

Q 哪一點不同呢？

A② 有理論性的看法也有數字性的看法。

Q 譬如什麼，請舉例說明。

〔銀行的例子……〕

A③ 現在的時代，連文科的學生也必須有電腦的知識，理工科系只是技術人員並不一定能勝任。我所學的是資訊理論，很想將這些知識活用於銀行。

Q 你希望從事銀行什麼方面的業務？

A④ 在營業方面我也許比不上經濟系出身的人，但我想善用電腦相關知識，對銀行業務的電腦化有所貢獻。

Q 本行的業務電腦化方面，文科出身的人也做得很完善。

A⑤ 如果是我，一定能比他們做得更好！

〔建　議〕

⬇像這樣一般固定性的看法，缺乏吸引力。

⬇抽象的論調，考官會不知所云，應舉出具體的例子。

⇩有說服力，相當不錯的回答。今後理工科系出身對銀行業務有何助益，是一個訴求重點。

⇩因爲對自己的未來有清楚的展望，能獲得考官的好感。

⇩立刻如此回答效果頗佳。銀行業務電腦化之後，應提出一

*　*　*

A⑥　最近有關科學的商談非常多，我至少比法律系或經濟系出身的人更具有科學的基礎知識，而且，也能以英語談論有關科技的問題。我想利用這些知識……。

Q　你用英語說說看太空梭的問題。

、兩個改革方案。

⇩充分掌握自己的特性。有關科學方面能用英語發表意見的學生寥寥可數，這是得分的機會，要善加把握！

〈作戰方案〉理工科系出身的人，爲了考上銀行、貿易公司、保險公司、傳播媒體，不消說得活用理工科系的武器。問題是，活用的方法是否具體，像A①、A②這樣回答，考官根本完全不懂。應以自己在研究課程中遇到什麼煩惱、實驗如何不順利，但最後成功爲基礎，展開話題，比較容易讓考官瞭解。A⑥的看法應由經驗中培養起來才是。

〔問題⑧〕你想晉陞到什麼職位？

（說了志願動機之後，突然被這樣問……）

A① 如果可以的話，我希望能達到董事的目標。

Q 你有自信能獲得那職位嗎？

A② 目前還沒有自信，但進入公司後我會以董事長的位子爲努力的目標。

* * *

A③ 客觀來看，做到經理階段是比較有可能的願望。

Q 我是問你本身的希望。

A④ 没有特別去想過，我現在腦子裏只希望進入公司，儘快學會工作，我認爲晉陞是隨著工作做得好而來的，努力就不怕被埋沒。

（在閒談中突然問到……）

A⑤ 貴公司平均的晉陞年數，約十年後升股長，再五年升課長，然後七、八年後升經理，我想循著這管道一直升上來，希

〔建 議〕

⇩大膽直言，比較能獲得好感。

⬇令人有意願不強的感覺，年輕人應充滿事業的野心才好。

⬇也許會被認爲有關公司的資料讀得太多，這樣的學生，卻對資本額等基本數字没有概念

望不會被淘汰。

Q　你想和一般人一起競爭，是嗎？

A⑥　是，可以這麼說。

＊　＊　＊

A⑦　作爲一個公司職員，誰都想達到某種程度的階級地位，而如果爭取更高職位的過程中，形成同事間的對立或帶來家庭不和，工作生涯就有重新考量的必要，對我來說，最希望的不過是工作能快快樂樂地做下去，老實說我不太拘泥於晉陞的事。

。

⬇一向都以自己的獨特之處爲自我推銷的重點，但這問題如果回答得太簡單，一切就化爲泡影了。

⇩不撒謊，很好。因爲過份想表現自己，說出冠冕堂皇的回答，就得加油添醋，以討好考官。但是擔任幹部的人，如果眞正想發揮才幹，還是必須擁有職位及權限。

〈作戰方案〉這個問題本來並不是問受試者的晉陞希望。而是借用「競爭」這句話來推斷受試者的工作意願及處理工作的態度。如果不認眞的回答，就變成A①、A③的結果，一點意思都沒有。當然任何人都能晉陞是再好不過的事。從這意義來說，完全是無意義的問題，但反而很容易輕鬆地回答。希望至少能說到A④、A⑦的程度。若能眞正實踐工作的理念，認眞投入，即使對競爭不甚積極也無妨，終有一天上司會發掘你這塊美玉。

〔問題㉛〕你英語的筆試成績好像不太理想

〔英語的測驗考得不好時……〕

A① 我對英語感到比較頭痛。
Q 是不是很難呢？
A② 不，如果曾好好研讀的話，應可答對問題的八成。
Q 但是你答不到一半。
A③ 對不起，今天開始我要加油了，到七月前希望能擁有不錯的程度。

〔作文寫得不好時……〕

A④ 因爲時間不夠。
Q 別人和你時間相同，但卻寫得很好。
A⑤ 因爲覺得稍微困難了些，開始下筆時花了不少時間。
Q 那麼你對考試的題目平常都沒有好好思考過嗎？
A⑥ 表現了我的研究不足，今後對各方面都要更加關心，練習將自己的想法寫成文章。

〔建　議〕

※有決定性的不利狀況時，應冷靜地接受，找出突破事態的線索，絕對不要鬆手。

⇩不要一一辯解，坦然承認自己的能力不足，表明要繼續研讀的態度較有利。

⬇邊搔著頭邊回答的學生極多，但能看出展望的回答方法比較容易受到青睞。

⇩提到「練習文章」這句話，可期望將失去的分數重新贏回。

（這個問題只有你一人做錯……）

A⑦　我有點會錯題目的意思。

＊　＊　＊

A⑧　對不起，我以為是這樣，由此我認清自己知識的不確實之處，今後，無論多少的事都要完全瞭解透徹才罷手，培養一直研究下去的習慣。

⬇不要認為會錯意就可被原諒，這樣的態度太傲慢了。

〈作戰方案〉面試以前的筆試測驗結束時，考官通常會對結果提出問題。答得好的人當然無需擔心，答得不好的人卻會感到是相當嚴峻的質問。但是，已經過去的事，不必耿耿於懷，像A②、A⑤這樣抱怨是最差勁的應對方法，不如坦然承認自己的能力不足，像A③、A⑥、A⑧一樣，將失敗作為教訓，表示將重新研究的意願，如此一來，考官也會接受你對筆試結果的態度。

〔問題㉜〕聽說現在流行的是輕薄短小……

（回答時一提及「輕薄短小」就會被深究下去……）

A① 它的相反名詞是「厚重龐大」，自從第二次能源危機以來，國內經濟被迫使減量經營，我認爲「輕薄短小」便是在當中產生的智慧。

Q 在日常生活中發現了什麼？

A② 首先是電子計算機、收音機、電視、手錶等產品，最近甚至還有超小型的電視應市發售。

Q 你是否有自己使用的東西？

A③ 是的，我買了電子計算機。它是超薄型的，和卡片没什麼兩樣，我用了之後，感到因爲體型極薄，只要放入皮夾即可，十分方便。但也因爲太敏感，稍微一摸隔鄰的數字就會產生反應，感到很困難。

（應答告一段落後，突然……）

A④ 在高度經濟成長期間，各企業都爲了設備的投資而努力，

〔建　議〕

⬇没有從消費者需求的變化來討論，有一點缺失。

※這個問題主要是在測驗你是否能從平凡的日常生活中看出經濟的動態。有人說：「從換洗衣物就可知道一國的經濟狀況。」的確是所言不虛，切記注意與生活有密切關係的觀點。

⬇輕薄短小蔚成流行，滲透到國民的生活中是千眞萬確的事

不斷生產商品，但是，厚重龐大產業設備的利益率已降低至約六成。也就是說，國內的各企業無論如何必須生產輕薄短小的產品來消除浪費。

Q 企業的因應之道也許正是如此，但消費者需求的變化不是也很大嗎？

A⑤ 對不起，我慌慌忙忙忘了重要的一點，的確，由於不佔空間、輕便、容易攜帶等因素的被重視，出現了新的消費類型。這和年輕人的價值觀有密不可分的關係……。

，以否定的方式來掌握答案不太妥當。看法是片面的，有偏差。

※容易被問到的問題，應先將自己的想法整理好，說明時應抓住要點，確實表達出來。

⇩坦率地為自己的不周道歉，並迅速地重新建立自己的想法，成為自己有相當知識的證據。

〈**作戰方案**〉考官提出「輕薄短小」這名詞，是希望你能和以往厚重龐大的時代相比較，思考今後經濟的動向。如果提出A④、⑤的例子作答，只是其中一個例子而已，主題應該很廣泛，見解也各不相同才是。以自己的想法去分析經濟的動向，應視時代而整理意見。考官會從各個角度來測驗你對全體經濟的瞭解，平日就應常閱讀經濟性報紙或雜誌，好好融會貫通。

〔問題⑧③〕你是否知道這件事？

（「種子戰爭」是什麼？」被問到而答不出來時……）

A① 對不起，我研究不足。如果是指植物的意義，「種子」就是「戰爭」……。下次我一定查清楚。

A② 大概種子是指植物的種子，有關種子的競爭……，是否指有關生化技術的國際競爭？

Q 大致上是如此，本公司也參與了有關生化技術的事業。

（在閒談中弄錯公司所經營的產品）

A③ 很抱歉，經常不小心弄錯，因爲貴公司和B公司很類似……。

A④ 貴公司是光學業界的先進，不僅在底片、顯微鏡、相機等方面有研究，電子機器方面也有不錯的成績……。

（回答得模稜兩可時，考官臉色大變……）

Q ……呃……唔……。

A⑤ 對不起，我現在的發言似乎不太妥當……。

〔建　議〕

⇩首先承認自己的缺點，這點很好。用語的準確可能成爲意願的後盾及強調愚直兩種情況，必須依照個別情況而考慮。

⬇「和其他公司很類似……」這是最差勁的回答。在這錯誤上考官已扣去你的分數。

⇩安全的應答方法。

※如果說錯了話，切莫佯裝不知道，這種情況易讓考官有扣

Q　是這樣嗎？

A⑥　關於「相關資料集中管理制度」請說明一下……。

Q　關於「相關資料集中管理制度」，和經過電腦處理才入檔案的檢索資料的資料庫經常被混淆，以後應注意。

分的機會，如果未發覺而繼續說明，就很不妙了。

⇩本人如果能多發現問題，技巧性地發問，也能消除作答的障礙，但這方法縱使多麼管用也只限於一次，運用多次就要技窮了。

〈作戰方案〉面對重要的問題而無法作答，是面試的一大僵局。但是，誰都會有一、兩件不懂的事。錯誤和遺忘也是一樣。如果不能立刻想起來，就回答：「因爲太緊張而忘記。」同時也應有所準備，在考官提示下能立刻回答。如果眞正想不起來，不如坦然承認研究不足，期待下一個問題能扭轉局面，腦筋應隨機應變，選擇正確的態度即可，採取辯解或矇騙會導致最壞的結果。在希望未完全破滅之前，盡力試圖挽回是最重要的要領。

〔問題84〕你已經試過不少的公司嗎？

〔應答結束後，突然被問到……〕

A① 大約應徵二十家公司。

Q 喔，那非常辛苦囉。對其他公司的感觸如何？

A② 老實說不太理想。還沒有一家公司通知我錄取。

Q 目前階段你爲何變成這樣結果，自己是否分析過？

A③ 我想開始找工作比別人晚了許多，影響甚大，因爲我暑假幾乎都在玩。

Q 你進入本公司後想做什麼工作。

A④ 我不要做銷售人員，想做事務方面的工作，例如企劃、宣傳等等。

Q 你未被別的公司錄用，是因爲你本身的就業意識尚未確立，你覺得如何？

〔在結束之前，考官微笑著問你……〕

A⑤ 是的，約十多家公司。

〔建議〕

※考官對於各種問題表示意願的受試者，再進一步探究的問題，或是想要試驗某些有重大缺陷的受試者是否有自覺。

➡應徵了多家公司沒有得到好成績，一定是本身有什麼不利因素存在。像A③這樣回答，今後也無法被錄取，應向考官「推銷」自己的熱忱，才是最重要的策略。

➡進入公司後想做什麼？理由爲何？應清楚地表達出來。

Q　如何？是否有特別感觸良深的地方？

A⑥　各家公司都相當慎重，但確實已錄取而通知我還沒有一家。而且，我的第一志願是貴公司。

Q　是這樣嗎……如果是你，和你一起工作應該會很愉快吧。

A⑦　我會盡力完成任務，請給我機會。

⇩面試的最後，像這樣「肉麻」的詞句，會發揮極大的威力。

※錄用的訊息。可以追問：「這是不是表示我已經被錄取了。」

〈**作戰方案**〉會被錄取的人在許多地方都會受到青睞，不行的人應徵再多的地方也會被摒除於門外。而原因何在？自己應找出不要再犯同樣的錯誤。自己不瞭解的情形一定很多，不必迷惑，和就業輔導處的老師磋商，接受他的建議。坦率地表現自己的一切，讓對方瞭解你在這方面的努力相當重要。具體地說出自己的長處，一般來說，因爲對這方面的努力不夠，才會導致不好的結果。

〔問題㉘〕同時考上其他公司和本公司時，你打算如何？

〔在第一志願的公司……〕

A① 貴公司是我的第一志願所以我會毫不遲疑地選擇貴公司。

＊ ＊ ＊

A② 到那時候我大概不能下決定。

Q 不是說本公司是你的第一志願嗎？

A③ 我認爲還是選擇幾個志願的公司去應徵比較妥當。

Q 如果不介意的話，請告訴我其他什麼樣的公司是你的第一志願……。

A④ 大致來說，作爲志願的公司每人幾乎都是一樣，例如被視爲貴公司勁敵的A公司、B公司、T製造廠及M貿易公司等。

〔第一志願以外的公司……〕

A⑤ 因爲傳播媒體的D公司是我的第一志願，如果考上了就到那兒服務。

Q 如果沒考上D公司，願意到本公司嗎？

〔建 議〕

⇩這是模範式的回答。大聲清楚地作答。

⬇非常失禮的說法。

A⑥　我想也許會受到貴公司的青睞。

＊　＊　＊

A⑦　因爲銀行是我的第一志願。

Q　我們公司是貿易公司，你也應徵了不同業界的銀行工作嗎？

A⑧　我不太拘泥於恁一業界，站在國際性的視野能掌握國內經濟的動向，就是我所希望的公司。

Q　你的意思是貿易公司比銀行更具有國際性囉？

A⑨　的確，貿易公司的工作一向是從事國際性的工作，今後可能繼續下去，但如果考慮將來性的話，銀行的國際化似乎較有吸引力。

➡「也許可能」是禁句，和「無論如何」這句話有天壤之別。

※各種說法有不同的效果，如果尚未決定到哪家公司服務，或是所應徵的企業種不同時，能表示出你的選擇基準十分重要。

➡討論何種工作具有國際性是無意義的事。問題在於，應表現出進入公司後將如何培養國際性視野的態度。

〈**作戰方案**〉如果因哪家公司爲第一志願而迷惑，便可以回答A①的答案。以戰略來說，第二、第三志願程度也比A①的回答來得好。因爲，面試和考官的對談，如果完全老實作答，對自己並無益處，回答A②～A④的情形大概很多，如果考官認爲你是不可多得的人才，應該會極力爭取你加入他們的公司，能看出這點你便掌握了要領。A⑨是不合格的回答，應爲自己留一條後路，不要親自摧毀了剛萌芽的機會。

〔問題⑧⑥〕你的鞋子鞋跟相當高

（如果穿著鞋跟過高的鞋子……。）

A① 因爲我喜歡這類型的鞋子。

Q 你經常都穿這麼高的鞋子嗎？

A② 是的，我已經穿慣了，所以今天也決定穿這鞋子來。

Q 你非常喜歡打扮嗎？

A③ 我關懷服裝方面。

Q 你如何來注意呢？

A④ 是以保持年輕及整潔的印象爲考慮。

（眼鏡的鏡片顏色被指摘時……）

Q 你眼鏡的顏色很濃。

A⑤ 是的……。

A⑥ 因爲我喜歡這種濃度。

Q 會給人神祕的印象。

A⑦ 抱歉，我一直未發覺此點，如果領到打工的錢，我會買一

〔建 議〕

※鞋子穿慣的當然是最好的，但若是標新立異，穿和別人不同的鞋子，就有問題。應考慮時間、地點及場合而回答。服裝也是一樣，不用說A④是最基本的回答。

➡考官一定會大怒。

⇩坦白承認自己的錯誤，會獲

副顏色較淡的眼鏡。

〈你的領帶相當樸素〉

A⑧　因爲我喜歡樸素的東西。

Q　但不能表現年輕的氣息。

A⑨　下次有見面的機會時，我會找一條更雅觀的領帶來搭配，請多多指教。

〈那是你的習慣嗎？〉

A⑩　對不起，朋友也常這樣問我，也很想更正，但總是不知不覺說出口，以後我會多加注意。

得考官的好感。

※每個人都穿著大同小異的西裝，所以耀眼的領帶可以表現自己的與衆不同，因爲年輕，稍微華麗一些又何妨，藉此展現年輕明朗的一面。

※誰都有一、兩句口頭禪，在面試時也有不少頗能克制自己，重要的是注意力的問題。

〈作戰方案〉鞋子、領帶、西裝、眼鏡等，都是面試時很容易被評論的項目。考官進一步提出問題，是對你的打扮有意見，並且一般來說已先有了不好的印象，認爲你有問題，此時應像A⑦、A⑨表現願意更正的態度。因爲服裝往往表現了一個人的內在，要充分注意。同樣地，用詞習慣及小動作也要注意，一點點的習慣在短時間的面試中，會非常令人介意，聽友人的勸告趁現在努力改正爲妙。

〔問題⑻〕你有什麼問題嗎？

〔最後被這樣問……〕

A① 不，沒什麼。

Q 你問什麼都可以。

A② 大致上我都瞭解了，所以，請問面試的結果大概什麼時候能接到呢？

Q 約一星期以後，我們會打電話給你，電話號碼就是履歷表上塡的是嗎？

A③ 嗯，是的。

* * *

A④ 我想請問一下有關職前訓練的事。

Q 什麼樣的事？

A⑤ 期間及內容，及進公司前應做的事。

A⑥ 剛才在談話中，對於貴公司的多角化經營策略尚未有具體的概念。在生化領域將要開發什麼東西，能否更詳細地告訴

〔建　議〕

➡如果有意願一定會想問一些事情。A②會被認爲自我本位，「大致上」是禁句。

➡應立刻回答「好」。

※有任何疑問應在事前整理好要點。

⇩很具體，是經過整理的問題。

我呢？

〈想要再進一步時……〉

A⑦　這不是發問，我對自己的長處還說得不夠，讓我再說明一下好嗎？

Q　好的，請便！

＊　＊　＊

A⑧　我沒有特別想問的事，但如果被錄取了一定會盡力而爲，請多多指教！

⇩「這個……」、「那個……」的說話方式有一點孩子氣，說「再讓我說明一下」是爲把自己推銷出去，應讓對方接受自己的誠意。

⇩這樣的回答絕對萬無一失。到最後都要保持好印象才是。

〈作戰方案〉如果是比較親切的考官，最後一定會這樣問。假如面試不順利這是扳回一成的機會。在前面回答的事中，若有不足應補充完整。對於考官談話中的事有不懂的地方，應提出反問，A⑥就是一個很好的例子。再次確認薪水，上班時間、休假、獎勵也無妨，但有時會給考官不好的印象。像A④這樣要提出新的問題時，話不要說得太冗長，因爲面試的時間所剩不多。

◇看來一無是處的自我推銷方法

未加入社團，成績只是中等，也沒什麼比別人更優秀的專長，就這麼茫然地過了四年——現在要畢業，才發現大事不妙!!但即使絞盡腦汁也於事無補，在求職的過程，你要比別人受到更多的挫折。此時，不如放鬆心情，做到自己能達成的事，努力求職。

〈能做到的事1・不斷找前輩〉拜訪在志願企業工作的學長，或求教於就業輔導處的老師，收集企業情報及面試時的要點。

〈能做到的事2・徹底從事公司研究〉無論是單行本、雜誌或報紙，都要努力研讀，收集有關志願企業的情報。應將面試視爲短期決戰，即使臨時抱佛腳也要做公司研究，如此一來，公司的整個概況就能逐漸有所認識，進而考慮作戰的戰略。

〈能做到的事3・勤於到就業輔導處走動〉無論如何，就業輔導處的老師畢竟是就業問題的專家，在企業裏面也有廣大人脈，也可算是「有頭有臉」的人物，只要認眞求教於他們，表示自己的幹勁及熱忱，他們一定會鼎力支持你。

■情報⑦■

〈能做到的事4・製造自我推銷的動機〉放棄正攻法，例如，「透過大學時代所交往的女性，知道女性事物的看法。」如此回答，一向被認爲遊玩過了大學生活的弱點，卻成爲你的武器、奇招，在面試出奇制勝。

「麻將的技術一流」、「好奇心很強」、「不到最後絕不投降，有韌性」……什麼都可以，要認爲自己有優點，並充滿自信地說出來。

重要的是一份熱忱，既然特意去面試，至少要表現自己的某項優點，就好像到人家拜訪得帶一份禮物一樣。「我雖沒什麼好處，但只有這項」只要坦誠以對，考官也絕不會對你有不良的印象。

國家圖書館出版品預行編目資料

面試成功戰略 / 柯素娥編著. -- 2版. -- 臺北
市 : 大展, 民88
面 ; 公分. --(社會人智囊 ; 52)
ISBN 957-557-959-3(平裝)

1. 就業 2. 成功法

542.77 88012967

ISBN 957-557-959-3

面試成功戰略

編 著 者/柯　素　娥
發 行 人/蔡　森　明
出 版 者/大展出版社有限公司
社　　址/台北市北投區(石牌)致遠一路二段12巷1號
電　　話/(02) 28236031・28236033
傳　　眞/(02) 28272069
郵政劃撥/0166955－1
登 記 證/局版臺業字第2171號
承 印 者/高星印刷品行
裝　　訂/日新裝訂所
排 版 者/千兵企業有限公司

初版1刷/1992年(民81年) 7月
2版1刷/1999年(民88年) 11月

定　　價/200元

大展好書 好書大展

大展好書 好書大展